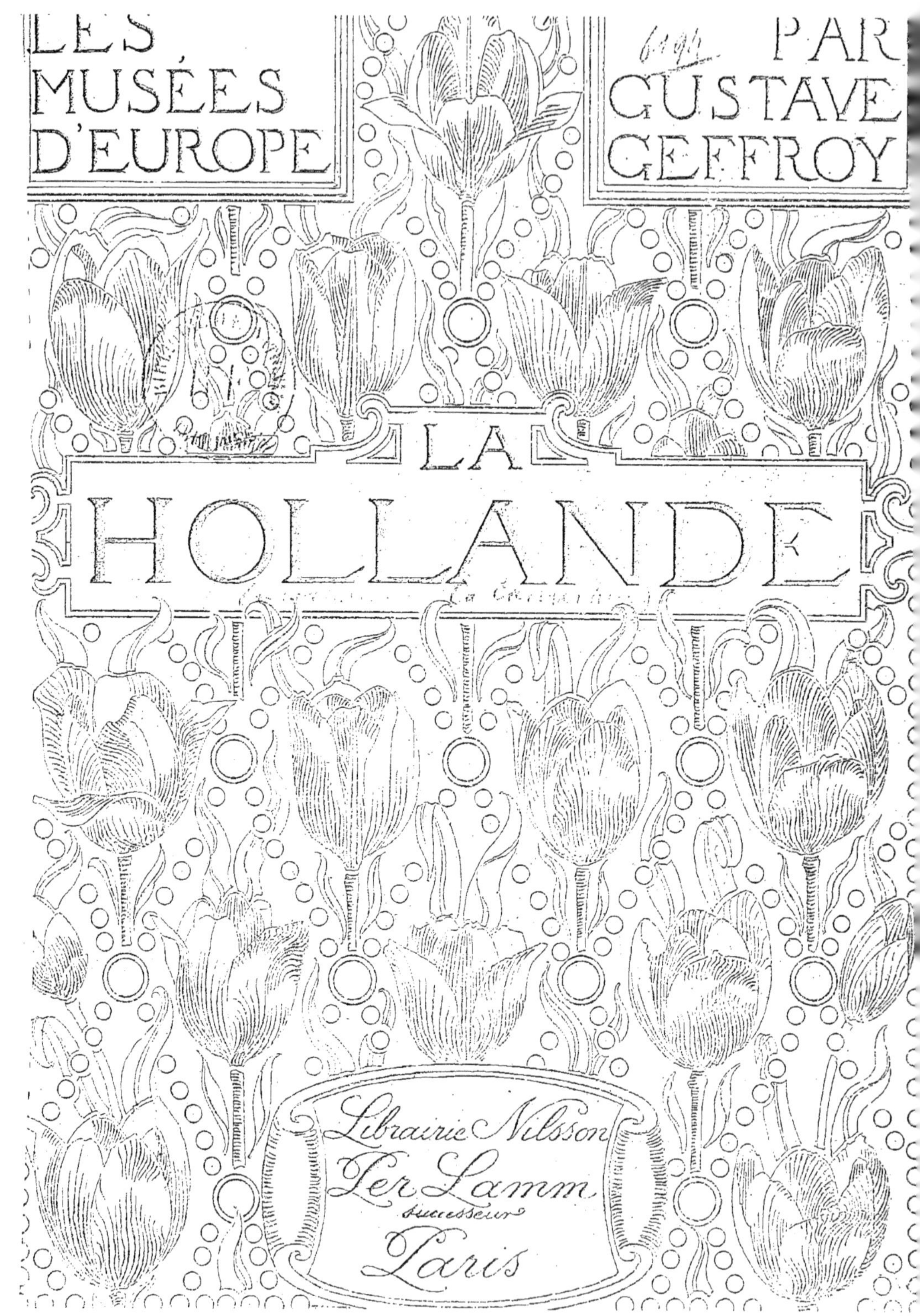
LES
MUSÉES
D'EUROPE
PAR
GUSTAVE
GEFFROY
LA
HOLLANDE
Librairie Nilsson
Per Lamm
successeur
Paris

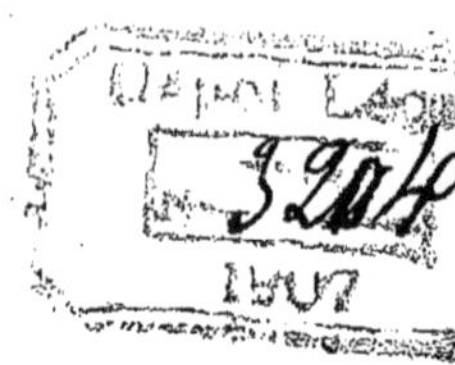

Les Musées d'Europe

LA HOLLANDE

DU MÊME AUTEUR :

LES MUSÉES D'EUROPE

La Peinture au Louvre
La National-Gallery de Londres
Versailles

EN PRÉPARATION :

La Belgique
Le Prado de Madrid

LA HAYE

PIETER DE HOOCH. SCÈNE EN PLEIN AIR.

GUSTAVE GEFFROY

Les Musées d'Europe

LA HOLLANDE

Amsterdam — Alkmaar — Haarlem — Leyde — La Haye
Rotterdam — Dordrecht — Utrecht

57 illustrations hors texte et 123 illustrations dans le texte

COUVERTURE DE RENÉ BINET

LIBRAIRIE NILSSON
PER LAMM, Succr
7, Rue de Lille, 7
PARIS

RUYSDAËL (musée de Rotterdam). *L'ancien Marché aux poissons d'Amsterdam.*

INTRODUCTION

L'AN dernier, publiant un volume de cette série sur l'histoire et l'art de Versailles, je disais que le château tout entier, avec ses appartements, ses jardins, ses deux Trianons, était un musée. Je serais bien tenté de faire la même déclaration à propos de la Hollande. Il n'est peut-être pas un pays au monde, en effet, qui ait conservé d'une manière aussi extraordinaire la physionomie du temps où vécurent ses artistes.

La nature, nulle part, ne change guère, et les travaux des hommes ne peuvent arriver à la modifier complètement. Mais les villes se transforment maintenant avec une rapidité prodigieuse. Depuis vingt ans, depuis dix ans, nous voyons pour ainsi dire Paris se défaire et se refaire sous nos yeux. Les villes de Hollande se déferont et se referont aussi, cela est certain. Mais aujourd'hui encore, grâce très probablement à leurs canaux, elles ont gardé le même visage que l'on voit sur les toiles de leurs peintres. On passe de la campagne, de la rue, de la place, de la ville et du village au musée, sans qu'il y ait, pour ainsi dire, de solution de continuité. On est tout surpris, à Dordrecht et à Rotterdam, à la Haye et à Haarlem, à Amsterdam et à Alkmaar, lorsque l'on reprend pied sur le pavé, de ne pas retrouver les femmes aux amples collerettes tuyautées, les hommes aux grands chapeaux noirs. Non seulement, l'atmosphère de l'art et de la réalité est la même, comme cela est naturel, mais le décor n'a pas changé, et toujours la sensation de vie ancienne persiste le long des eaux immobiles qui reflètent les maisons à petits carreaux et à pignons découpés.

A peine est-on entré en Hollande par l'immense pont qui précède Dordrecht, que l'on voit étinceler doucement dans la brume les vagues argentées de Van Goyen, ses rives doucement dorées, ses silhouettes de villes, de maisons, de clochers, voilées par la brume verdâtre. Ce ne sont plus les bateaux à voiles des peintres de marine, des Van de Velde, des Van Capelle, des Bakhyusen, qui sont balancés par les eaux limoneuses, mais ce sont les mêmes barques qui louvoient, ce sont les mêmes passeurs qui embarquent et débarquent les gens et les animaux.

Parcourez-vous la campagne? Voici les arbres de Ruÿsdaël, ses immenses ciels chagrins, la tristesse de ses dunes rongées par la mer du Nord, la mélancolie de ses buissons assaillis par le vent, de ses chemins montants que gravit un triste voyageur. Voici la ferme autour de laquelle paissent les bestiaux de Paul Potter. Voici, au soleil couchant, les animaux de Cuyp, illuminés par l'astre déclinant. Entrez-vous dans les villes? Ce sont, tels qu'ils les ont peints pierre à pierre, les monuments et les logis de Van der Heyden, de Berck-Heÿde, de Beerstraten, les églises de De Witte, et de tant d'autres ardemment occupés à faire le portrait de leur pays. Passez-vous devant un cabaret? C'est celui-là même où Jan Steen et Ostade ont rassemblé les hilares, les ivrognes, les débauchés dont ils savent si bien dire les vices, les tares et les joies.

Entrez-vous dans quelques vieux logis? Ce vestibule dallé de blanc, de rouge, de noir, ces chambres aux vieux meubles cirés, ces miroirs, ces tentures, cette épinette, c'est là que se passe la vie des personnages de Pieter de Hooch, de Ter Borch, de Metsu. Vous promenez-vous à Delft? Le souvenir de Van der Meer est évoqué par le vêtement bleu ou citron d'une femme qui passe dans la même atmosphère froide, si finement argentée. Vous perdez-vous dans le quartier juif d'Amsterdam, parmi les ruelles où se perdait Rembrandt? Partout c'est la même lumière d'or, et ce sont les mêmes ténèbres rousses où le grand homme voyait l'Ancien et le Nouveau Testament se formuler devant lui avec une force de réalité que jamais peintre n'a surprise comme lui.

VAN DE VELDE (musée d'Amsterdam). *Vue de l'Y, à Amsterdam.*

Mais celui-là, ce Rembrandt, qui est si bien la Hollande, dépasse la Hollande par le génie de voyant qui était en lui. Il a renouvelé l'art, il l'a prouvé identique à la vie, et nul autre n'a donné cette leçon avec cette puissance. Quand on n'irait chercher que cette leçon en Hollande, le voyage ne serait pas inutile. Quand on a compris et aimé Rembrandt, on doit revenir pour tout aimer de ce qui existe, pour découvrir la beauté de la vie en toutes choses, chez tous les êtres. Rien ne lui a été indifférent. Dans tout être, dans toute chose, il voyait un chef-d'œuvre. Ah! le cher grand homme, bafoué, méconnu, mort solitaire, a-t-il su, en son vaste cœur humain, en son esprit profond, si mélancoliquement et ardemment passionné, a-t-il su quelle douceur, quel réconfort, il avait apportés à ceux qui viendraient après lui?

J'ai essayé de dire cela dans ce volume, et j'ai essayé de montrer aussi le sens de l'existence qui est chez les artistes de l'incomparable XVIIe siècle hollandais, l'amour qu'ils témoignaient si doucement ou si vivement pour tout ce qui les entourait, pour la vie privée et civique, pour tout ce qui les charmait par la signification humble, paisible, joyeuse, pour tout ce qui les enorgueillissait par la signification héroïque et libre qu'ils ont su donner à leur histoire. Ce livre est le récit d'une visite à leur pays et à leurs œuvres.

G. G.

BROUWER (musée de la Haye). *Tabagie.*

GERRIT BERCK-HEYDE. *Le Heerengracht, à Amsterdam.*

AMSTERDAM

RŸKS-MUSEUM

I. — ARRIVÉE A AMSTERDAM. — LA KALVERSTRAAT. — LES CANAUX. — LES VIEILLES MAISONS. — LE MUSÉE DE L'ÉTAT. — LES SALLES DU REZ-DE-CHAUSSÉE.

MSTERDAM m'apparut, pour la première fois, un soir de janvier, par un temps froid et neigeux, et j'ai eu tout d'abord l'impression d'une ville moyenne. De larges dégagements autour de la gare, mais pas de grandes voies, pas de boulevards, comme à Paris et à Bruxelles,

par exemple. J'ai plutôt, en entrant dans les rues, le souvenir de certains quartiers de Londres, très éclairés le samedi soir. La rue principale, la Kalverstraat, est une rue assez longue, qui part du Dam et s'en va vers le sud de la ville, mais c'est une rue très étroite, qui a précisément son caractère le soir. Les voitures n'y circulent plus, les boutiques de toutes marchandises sont illuminées, à l'exception des cafés qui restent obscurs, et d'où les consommateurs, embusqués dans l'ombre, ont le spectacle de la rue claire. La chaussée livrée aux piétons, une foule compacte va et vient dans ce passage étroit, qui est pour la population d'Amsterdam et pour les hôtes de passage l'équivalent des boulevards de Paris. Les larges percées, pleines d'air et de lumière, aux larges trottoirs, aux perspectives droites, sont d'invention moderne. Autrefois, on économisait davantage le terrain, les agglomérats de populations étaient plus restreints et les groupements plus resserrés. Telle quelle, la Kalverstraat me fait aussi songer, non seulement à des aspects de Londres, mais à une « grand'rue » quelconque de ville bretonne, Morlaix ou Saint-Malo, un jour d'animation, avec les différences de constructions et de magasins, bien entendu.

Au sortir de là, continuant vers le sud, le pullulement décroît, et c'est, à tout instant, la voie coupée par un canal aux quais déserts, aux sombres maisons, l'eau noire avec des lisérés de neige, des bateaux immobiles, tout le mystère de la cité endormie. La brume s'accroît, et bientôt je ne vois plus rien. Il faut retourner à la Kalverstraat pour retrouver la lumière et la vie.

Le lendemain, c'est le dégel, mais on y voit clair, et Amsterdam se montre alors une ville d'aspect particulier, ne ressemblant à aucune autre, à la fois très ancienne et d'un mouvement très moderne. Le décor du XVIIe siècle hollandais est toujours debout : il aurait été difficile, en effet, de modifier la physionomie fixée par les canaux, les quais bien tracés, les maisons bien bâties. Ces maisons, hautes, étroites par le pignon sur rue, presque toutes en briques, le cadre des fenêtres noir, le fronton dentelé en marches d'escalier, sont restées ce qu'elles étaient il y a deux siècles et demi. Elles ont grand air, semblent les témoins du passé, regardent, par leurs nombreux petits carreaux, les pierres solides des quais, les bateaux plats, l'eau stagnante, les arbres dépouillés. Toute la vieille cité est ainsi. Je parcours en tous sens l'espace qu'elle occupe, un vaste demi-cercle, où les canaux, de forme demi-concentrique, coupent les rues droites ou obliques, tracées en rayons. Je vais au Rÿks-Museum (Musée de l'État) ensuite.

ÉCOLE HOLLANDAISE, XVe SIÈCLE. *Marie et l'Enfant Jésus.*

Le Musée est en dehors de l'ancienne ville, à l'entrée de tout un quartier aux avenues sillonnées de tramways. Il est de construction récente (1885), a remplacé l'ancien Trippenhuis du Canal des Arquebusiers. Le Rÿks-Museum est un vaste monument, du style gothique hollandais de la Renaissance; sa façade est flanquée de tours, sa porte est abordable par un large escalier; il est orné à l'extérieur de sculptures allégoriques, de hauts reliefs, de faïences peintes, où figurent les artistes du pays, de Lucas de Leyde à Rembrandt, et aussi les amateurs.

Au rez-de-chaussée, on peut passer de longs instants. On y a rassemblé, non seulement de précieux objets des arts du mobilier, mais tout ce qui a trait à l'histoire des Pays-Bas, dans les musées d'artillerie, de la marine et des colonies : armes, canons, uniformes, drapeaux, modèles de vaisseaux, etc. Puis, c'est le Musée religieux, composé de nombreuses reproductions, qui donnent à étudier les styles depuis l'époque carlovingienne; le Musée civil, abondant en reconstitutions d'intérieurs, en mobilier, en objets, vaisselle, faïence, grès, verre, matières précieuses, tapisseries; le Musée céramique, très riche en pièces de la Chine, du Japon, de Delft, auxquelles on a joint des laques et des ivoires; le Cabinet des Estampes, collection énorme et rare, où le conservateur, qui me guide, me montre les précieuses pièces de Rembrandt. Mais il me faut quitter tous ces sujets, dont l'étude nécessiterait un autre volume. Il me faut, pareillement, laisser les salles de la Société d'archéologie, la collection des costumes, des dentelles, des jouets, des instruments de musique, des souvenirs historiques... J'en ai dit

LUCAS DE LEYDE. *Un Prédicateur.*

MUSÉE D'AMSTERDAM.

ÉCOLE DE JACOB CORNELISZ VAN OOSTSANEN. LE CALVAIRE

PIETER AERTSEN. *La Danse des œufs.*

assez pour montrer que le Rÿks-Museum est un monde, où l'on peut apprendre l'art et l'histoire. Il est nécessaire de parcourir ces salles du rez-de-chaussée, comme il est nécessaire de parcourir la ville, avant de prendre contact avec les peintres de la Hollande.

II. — COMMENCEMENTS DE L'ART HOLLANDAIS. — RARETÉ DES DOCUMENTS. — GEERTGEN VAN SAINT-JANS. — ÉCOLE DE CORNELISZ VAN OOSTSANEN. — LUCAS DE LEYDE. — PIETER AERTSEN. — JAN VAN SCHOOREL. — MARTIN HEEMSKERCK.

CE sont surtout des tableaux hollandais que contient la collection des tableaux anciens d'Amsterdam. Cette collection a pour point de départ la galerie des princes d'Orange, diminuée des tableaux pris par la France, augmentée par des achats et des dons, particulièrement par la galerie Van der Hoop et par des œuvres appartenant à la ville.

C'est donc ici un endroit privilégié pour connaître, non seulement les toiles célèbres, mais un ensemble d'œuvres qui peut représenter l'évolution active et rapide de l'école hollandaise.

Les commencements de l'école hollandaise se confondent avec les commencements de l'école flamande, et bien souvent encore les productions des véritables primitifs de la Flandre et de la Hollande se trouvent mêlées aux productions des maîtres de l'Allemagne, qui ont eu certainement la première et grande influence sur les artistes des Pays-Bas. Je sais bien que l'art allemand est considéré comme d'une expression plus extatique, plus détachée du réel, malgré sa vérité sèche et douloureuse, et que l'art de la Flandre est admis tout de suite comme plus intime, plus attendri de réalité familière. Mais cela n'a pas empêché les confusions, nées des copies et des redites, et les érudits, malgré leur bonne volonté et leur ténacité, ne sont pas parvenus encore à débrouiller l'écheveau compliqué de ces origines. Il y a une raison à cette impuissance. Les érudits ne peuvent s'en remettre uniquement à leur examen et à leur comparaison des manières, à leur ardeur, à leur goût, à leur intuition. Ils n'ont pas toujours ces qualités, et s'ils les ont, ils se méfient sagement de la précipitation et du hasard de leurs jugements. Il leur faut des documents. Or les documents, ici, manquent à peu près totalement. Dans les pays où la Réforme n'adopta pas les doctrines de Luther, nombre d'œuvres d'art furent détruites. Dans les contrées catholiques, les formes nouvelles de l'art firent mépriser et sacrifier les anciennes formes, et le résultat fut le même. De plus, les témoignages écrits n'existent pas, on peut le dire, avant le XVIIe siècle. Pour trouver quelques renseignements sur la peinture de l'Allemagne et des Pays-Bas avant cette époque, il faut consulter les livres italiens. Le premier ouvrage local est celui de Carel Van Mander, qui paraît à Haarlem en 1604 et prend les choses au commencement du XVe siècle, à Hubert Van Eyck.

Ce que nous pouvons donc seulement noter, comme tous les écrivains qui ont fait quelque étude de l'art de la Hollande, c'est que cet art, avant la révolution politique et religieuse qui affranchit

JEAN VAN SCHOOREL. *La Madeleine.*

le pays de la domination espagnole, a les mêmes caractères que l'art de la Flandre. A Utrecht, au Musée Archiépiscopal, on voit mieux qu'à Amsterdam l'art primitif hollandais; mais ici, on a déjà quelques renseignements par les tableaux d'artistes inconnus des XIVe et XVe siècles : des portraits, une *Vie du Christ* en dix-huit compartiments, un autre tableau qui témoigne d'une science de composition, d'une fermeté de dessin, qui doivent nous arrêter. C'est *Marie et l'enfant Jésus*, autour desquels se tiennent quatre femmes; la scène se passe dans une cour entourée de bâtiments, qui semblent ceux d'un couvent; au delà de la porte et de la basse muraille, on aperçoit la campagne. Les femmes sont richement vêtues de robes ramagées, brodées, dorées. Deux hommes et deux femmes causent dans la cour.

Le premier nom de peintre que nous trouvons, comme nom d'un artiste du XVe siècle, est celui de Geertgen van Saint-Jans. On lui a attribué définitivement une *Sainte Famille*, qui n'est pas sans analogies de costumes et d'expressions avec le tableau précédent. La scène se passe dans la nef d'une église gothique, et c'est une réunion de femmes qui occupe le premier plan : sainte Anne, la Vierge, sainte Élisabeth, Salomé. Il y a beaucoup d'autres personnages : saint Joachim, saint Joseph, puis ceux qui ne sont pas désignés, et quelques enfants de chœur. L'œuvre est caractéristique par son luxe, son pittoresque, son mélange de visages de cloîtres et de parures orientales, et sans vouloir attribuer au même Geertgen van Saint-Jans l'œuvre d'inconnu examinée tout à l'heure, on peut dire les contacts possibles, telles attitudes, telles richesses et tels plis d'étoffes semblables.

Le Musée d'Amsterdam possède encore, de Geertgen, des *Épisodes de la vie de sainte Lucie*, tous rassemblés sur le même panneau : les tentatives pour débaucher la sainte, — la sainte agenouillée devant un prêtre, — les différentes scènes du supplice, le bûcher, la décapitation. Sur le peintre lui-même, on sait peu de choses : qu'il fut élève d'Aalbert van Ouwater, fondateur d'un atelier à Haarlem, qu'il se fixa à Haarlem, habita dans un hospice ou couvent appartenant aux chevaliers de Saint-Jean, et à cause de ce séjour fut surnommé Geertgen van Saint-Jans. Sur sa vie, rien. Van

Mander dit qu'il mourut à vingt-huit ans, et qu'Albert Dürer, voyageant en Hollande, vit ses œuvres et les admira. Elles ont d'admirable, en effet, une sèche vigueur de dessin, une rare fièvre de vie.

MIEREVELD. *Le Prince Guillaume Ier.* *(Copie d'après C. Visscher.)*

Un des premiers artistes hollandais qui peignirent à l'huile, Jérôme van Acken, dit Jérôme Bosch (vers 1450-1516), est présent par l'*Opération du caillou* : un chirurgien, qui opère un fou, lui ouvre le crâne, simule l'extraction d'une pierre. Jan Mostaert (1474-1556) a peint un triptyque du *Christ au tombeau*. Jacob Corneliz van Oostsanen (1480-153) n'est pas reconnu l'auteur du *Calvaire*, classé comme appartenant à son école. De toutes façons, l'œuvre est représentative de l'art hollandais du commencement du XVIe siècle. La croix chargée du Christ s'élève au centre du tableau, entre Madeleine et Véronique, revêtues des mêmes riches costumes que nous avons observés dans les tableaux précédents; les épisodes de la Passion s'échelonnent sur la colline funèbre.

Lucas de Leyde (1494-1533) est représenté comme peintre à Amsterdam, et l'on sait que ses peintures sont rares. Il est plutôt graveur, et graveur précoce, puisqu'il compose et exécute à l'âge de quatorze ans, en 1508, l'estampe du *Moine Sergius tué par Mahomet*. On a compté, dans toute l'Europe, quinze ou vingt tableaux de sa main. Parmi ceux du Musée d'Amsterdam, on conteste *Melchisédech recevant Abraham*, qui pourrait tout de même bien être de Lucas de Leyde. C'est, en tous cas, une scène intéressante par l'architecture, le déploiement de foule, l'Abraham en guerrier doré, le Melchisédech en costume sacerdotal, tendant un petit pain à Abraham agenouillé. Ne considérons donc comme acquises au peintre que les deux autres œuvres : — la *Manne*, le camp des Hébreux en avant d'une ville, la récolte de la nourriture inattendue ; — le *Prédicateur*, un tableau qui représente à la fois l'intérieur d'une église et une place publique avec des palais jusqu'à l'horizon ; devant l'un de ces palais, un seigneur fait l'aumône à des mendiants agenouillés ; des hommes se tiennent debout, qui sont à la fois dans la rue et dans l'église, et parmi eux, dit-on, se trouve le peintre ; plus loin, d'autres bourgeois à bonnets et à toques, et tout à fait au premier plan, un groupe de vieilles femmes et de vieillards aux visages somnolents et extatiques, autour d'une jeune femme qui exprime la prière par ses mains jointes, mais non par sa physionomie aux aguets ; le prédicateur, en surplis, se penche au-dessus de cette foule restreinte, dont on pourrait facilement compter les personnages. C'est, en réalité, une réunion de portraits, les visages, les vêtements traités avec la même conscience que les colonnes et les chapiteaux de l'église.

MIEREVELD. *Portrait de femme.*

Pieter Aertsen, surnommé Lange Pier (Pierre le Long), à cause de sa haute taille, met en scène des personnages qui ont aussi de longs bustes, de longues jambes. C'est la *Danse des œufs*. Un jeune homme, très attentif, se démène parmi des œufs, des légumes, des sabots, des armes; un autre chante avec béatitude, adossé à une table, regardé avec admiration par une paysanne. Pieter Aertsen fut échevin d'Amsterdam et y mourut vers 1572.

Jusqu'à présent, les œuvres ont un caractère allemand, ou flamand, ou hollandais, appartiennent aux écoles du Nord. Il y a un changement avec le voyageur Jan van Schoorel, né au village de Schoorel, près d'Alkmaar, en 1495, élève de Jacob Cornelisz, à Haarlem, séjournant à Utrecht, à Cologne, à Strasbourg, à Bâle, à Nuremberg, à Venise, à Jérusalem, à Rome, revenant en Hollande et se fixant à Utrecht. Schoorel passe pour avoir introduit le style italien en Hollande. Il eut sa part d'influence, sans aucun doute, mais il ne fut pas le seul à s'en aller chercher au dehors une modification à sa nature première. Il semble, d'ailleurs, ne pas avoir mal profité de ses acquisitions : il devint un paysagiste de sites italiens et orientaux, et les fonds de ses tableaux représentaient ainsi ses impressions de voyage. Ces tableaux, que sont-ils devenus? Nous en trouverons quelques-uns en Hollande, mais ils sont surtout à l'état de souvenirs. La *Madeleine* du Musée d'Amsterdam ne peut que lui être attribuée, pour le caractère du paysage rocheux et la physionomie vénitienne de la dame, experte et rusée, qui semble évaluer le riche vase qu'elle tient sur ses genoux.

Schoorel eut pour élèves Martin Heemskerck (1498-1574), qui revint d'Italie féru de style michelangesque, et dont le Musée d'Amsterdam possède la *Sibylle d'Érythrée*, — et Anthonie Mor, que nous trouverons à La Haye. Il se produit alors dans l'école hollandaise une heureuse crise, déterminée par les événements qui changent le sort du pays.

III. — LA TRIPLE RÉVOLUTION DE HOLLANDE, POLITIQUE, RELIGIEUSE, ARTISTIQUE. — AVANT REMBRANDT. — MIEREVELD. — PAULUS MOREELSE. — RAVESTEIN. — FRANS HALS.

La grande révolution, — la triple révolution politique, religieuse, artistique, — s'accomplit en Hollande. Les gueux de terre et de mer chassent les Espagnols. Ce grand homme, Guillaume le Taciturne, fait lutter les instincts de la race et toutes les forces de la nature contre l'envahisseur. La terre rejette celui-ci, la mer l'assaille. La république des Provinces-Unies est victorieuse de la monarchie espagnole. La fédération consciente succède à l'autocratie. Le protestantisme remplace le catholicisme. Un art tout différent de l'art de la veille accompagne cette rénovation sociale. On assiste au spectacle d'un pays prenant possession de lui-même, faisant son inventaire moral. Les artistes d'alors ont été merveilleux de spontanéité, de divination. Il n'y avait plus à glorifier un culte, à peindre pour les églises, puisque le temple protestant se présentait sans luxe, sans aucune distraction, aucune expression d'art. La vie civique, encore toute animée, toute chaude de la bataille de la veille, prenait la place de la vie religieuse. L'esprit de la cité n'était plus enfoui dans les églises, autour des tabernacles mystérieux, il se répandait au dehors, par les rues de la ville, dans les assemblées des gardes, les corporations, les réunions de syndics : c'est l'hôtel de ville, c'est le « doelen », c'est l'hospice, toute une existence d'administration sérieuse et intime, qui vient au premier plan et qui est seule à s'offrir, comme manifestation de la collectivité, à l'étude des artistes de la Hollande régénérée.

L'Italie, sous le coup de ces événements, est délaissée. Schoorel, Honthorst, Lastman, sont oubliés. Pendant près d'un siècle, la Hollande va se suffire à elle-même. Il y a subitement une poussée d'artistes qui ne sont que de leur pays.

MOREELSE. *Portrait de femme.*

La décadence viendra vite, il est vrai, et nous verrons l'imitation et le néant succéder à cette originalité de production, à cette ardeur d'un peuple qui se découvre lui-même, qui prend conscience de sa destinée, et qui fixe au moins, pour les temps à venir, son image d'un moment.

Si jamais il y a eu un art national, c'est bien au XVIIe siècle, en Hollande. C'est le règne absolu de l'observation directe. Les peintres peignent des portraits individuels, des groupements, des réunions de corporations, des leçons d'anatomie, des séances de municipalités, des banquets de gardes civiques, des départs de troupes pour des exercices et des concours de tir. La paix est célébrée par des festins, par des vins d'honneur, par des cérémonies à beaux costumes où les coups de mousquets éclatent en signe de joie. Ces tableaux foisonnent dans tous les musées de Hollande, et aussi les tableaux plus sévères où les régents et les régentes d'hospices font leurs comptes, décident de l'emploi de leur argent.

MOREELSE. *La petite Princesse.*

Cette vie officielle de la Hollande ne suffit pas à occuper toute l'activité des nombreux peintres qui se sont révélés tout à coup chez cette population ravagée par la guerre. La vie du dehors apparaît aussi, la vie de la foule dans la rue, la foule des affaires et la foule des plaisirs, les débats du commerce et de la banque, les dialogues des marchés, les défilés de fêtes, les célébrations d'anniversaires, les repas et les danses, à la ville et à la campagne; car la vie rustique a aussi ses historiens attentifs et empressés, qui décrivent les passions des cabarets et les joies des réjouissances en plein air. Ceux qui sont d'humeur plus sévère,

MUSÉE D'AMSTERDAM.

FRANS HALS.

PORTRAITS PRÉSUMÉS DE HALS ET DE SA SECONDE FEMME.

plus mélancolique, qui aiment mieux vivre davantage en isolés, sont des paysagistes auxquels suffisent les eaux et les nuées, les roches et les arbres. Si les paysages s'animent, ce sont les travaux des champs, des rivières, des ports de mer, les moissons, les barques, les pêches. D'autres encore ne sortent guère des maisons et des jardinets, se complaisent aux représentations de la vie bourgeoise, de la vie de famille, de la vie galante : une chambre dont la fenêtre s'ouvre sur un canal paisible leur est tout un monde. C'est ainsi que la Hollande, tout entière, se reflète dans son art; et par une fortune particulière, il s'est trouvé que parmi tous ces peintres occupés à raconter avec précision l'histoire de leur pays, il y a eu un homme de génie, aussi attentif, aussi précis que les autres, peignant les mêmes tableaux qu'eux, des portraits, des réunions de syndics, des leçons d'anatomie, des défilés de gardes civiques. Et celui-là, qui est Rembrandt, a montré au monde, avec une puissance de réalisation, une force d'émotion sans égales, que la plus humble réalité pouvait devenir un spectacle de la beauté la plus rare, de la signification la plus dramatique, et que l'infini de la rêverie humaine pouvait se concentrer en une œuvre d'art née de n'importe quel sujet, au hasard de la rencontre.

N'anticipons pas. Nous allons trouver Rembrandt tout à l'heure. Avant lui, il y a, dans les Pays-Bas, des artistes qui l'annoncent, qui font route avec lui pendant un certain temps, jusqu'au carrefour où l'artiste unique choisit son chemin, que personne ne voyait.

C'est Michiel Jansz Miereveld, né en 1567 à Delft, excellent portraitiste d'hommes et de femmes vêtus de noir, d'étoffes discrètement brodées et dorées, d'amples collerettes blanches. A Amsterdam, il est le peintre des princes d'Orange, du grand pensionnaire Oldenbarneveldt, du grand pensionnaire Jacob Cats, de Paulus van Bereesteen, bourgmestre de Delft, et de son épouse. Le portrait de Guillaume Ier le Taciturne a été peint par lui d'après C. Visscher.

FRANS HALS. *Le Bouffon.*

C'est un document de seconde main, mais la seconde main était adroite et sûre. Je vois tout le talent de Miereveld dans le *Portrait de femme* prêté au Musée, talent habile au détail des étoffes, le tour de tête, la vaste collerette, les poignets, les gants, les ornements du sombre costume, talent qui va jusqu'à l'expression par la peinture de ce visage au vaste front, aux yeux méfiants : figure d'avare intelligente.

C'est Paulus Moreelse, né en 1571 à Utrecht, élève de Miereveld. Il fit le voyage de Rome, mais il est de ceux qui créent la science sérieuse du portrait hollandais, par tel portrait de femme richement parée, le devant de la robe et les manches en fines broderies, la tête portée comme un bouquet par le col évasé, le visage adroit et placide. La *Petite Princesse* est délicieusement marquée du caractère de l'enfance féminine, petite infante de Hollande déjà sérieuse, une rose aux cheveux, un vaste col, un corsage raide.

C'est Frans Hals, que l'on croit né à Anvers en 1580, mais qui vécut à Haarlem, où nous le trouverons dans tout son éclat. Il est

MUSÉE D'AMSTERDAM.

REMBRANDT. LA SORTIE DE LA COMPAGNIE DU CAPITAINE FRANS BANNING COCQ.

(LA RONDE DE NUIT).

toutefois brillamment représenté à Amsterdam, d'abord par le couple où l'on a vu longtemps Frans Hals lui-même et sa seconde femme Lisbeth Reyniers. On a renoncé à cette désignation, et c'est dommage, car on aimait à se représenter Hals ainsi, fort et joyeux, épanoui et rieur, amusant de son esprit sa femme, rusée et souriante, assise auprès de lui, et qui ne lui cède pas en malice spirituelle. Tant pis. La scène reste aussi plaisante, et la peinture supérieure, aisée, large, dans les costumes et dans le jardin qui sert de fond aux portraits. De Hals encore, le *Compère joyeux*, des portraits d'hommes et de femmes, d'une tenue excellente, le *Fou*, copie probable, faite par le fils de Hals, et la *Compagnie du capitaine Reynier Reall*, qui n'est qu'à moitié de Hals, a été achevée par Pieter Codde, et qui n'a que des parties de bon tableau : il lui faut, d'ailleurs, subir le voisinage de Rembrandt, et Hals ne peut sortir victorieux de la rencontre, ni les autres non plus.

IV. — REMBRANDT A AMSTERDAM.

En Hollande, c'est à Amsterdam que l'on voit le mieux Rembrandt, né à Leyde en 1606, fixé en 1631 à Amsterdam, où il mourut en 1669. Certes, il est grand à la Haye, par la *Leçon d'anatomie du professeur Tulp*, par le portrait d'homme que l'on croit être son frère, Adrien Harmensz van

REMBRANDT. *Paysage*

Ryn, par l'*Homère,* par les *Deux Nègres,* par *David et Saül,* et aussi par la *Suzanne au bain,* par la *Présentation au Temple,* deux œuvres qui, pour être de la première époque de la vie de Rembrandt, comme la *Leçon d'anatomie,* n'en sont pas moins des preuves précieuses de son amour du réel et de sa science des compositions mystérieuses. Mais Amsterdam l'emporte par des raisons particulières, même en dehors des deux œuvres capitales du Musée.

Loin de moi la pensée baroque de découvrir Amsterdam et Rembrandt, pas plus que la Hollande. Je ne les découvre que pour mon compte et ne prétends remplacer ni les pages savantes, incomplètes sans doute, mais à tant d'égards définitives, de W. Burger, ni les pages délicates, qui sont si souvent discutables, de Fromentin. Je veux seulement dire, à propos d'Amsterdam et de Rembrandt, que c'est ici, dans cette ville, que l'on peut avoir la plus forte sensation de cet homme, quand même il n'y aurait pas, au Musée, pour le représenter, le portrait de la *Femme d'Utrecht*, le portrait d'*Élisabeth Jacobs Bas, Ruth et Booz* (meilleure désignation que la désignation vague de la *Fiancée juive*), et l'*Anatomie du docteur Johan Deyman,* et les *Syndics des Drapiers,* et la *Ronde de Nuit,* justement devenue la *Sortie de la compagnie du capitaine Frans Banning Cocq*. Tous ces chefs-d'œuvre seraient ailleurs, que Rembrandt serait tout de même

REMBRANDT. *Le Père du peintre.*

vivant à Amsterdam, parce qu'il y a vécu, parce que cette magnifique et étonnante cité est le théâtre où il a vu agir l'humanité, et parce qu'elle est imprégnée de la même atmosphère que son œuvre.

Simple effet d'imagination, dira-t-on, arrangement facile des choses! D'abord, je ne sais pourquoi on empêcherait l'imagination de jouer son rôle. Les choses valent par elles-mêmes et par la signification qu'elles nous suggèrent. Le Louvre possède, lui aussi, une série infiniment expressive de Rembrandt : le portrait d'*Hendrickje Stoffels*, les *Pèlerins d'Emmaüs*, le *Bon Samaritain*, les *Philosophes en méditation*, le *Ménage du menuisier*, la *Bethsabée*, le *Saint Mathieu*, la *Vénus*, l'*Homme au bâton*, le *Rembrandt âgé*. Mais je voudrais me faire comprendre : il faut, pour avoir la sensation complète de Rembrandt, faire un certain effort, en sortant des rues de Paris, en venant du boulevard des Italiens et de la rue de Rivoli. A Amsterdam, tout au contraire, on est chez Rembrandt, c'est lui qui vous reçoit, il est le maître du logis. Partout, on croit le rencontrer : que l'on se promène le long des canaux paisibles, où l'eau stagnante reflète la lumière grise, argentée ou dorée, du ciel; que l'on passe parmi la foule des passants dans la Kalverstraat, étroite et animée, sans voitures, mouvementée et silencieuse, où les gens sont à l'affût dans les cafés sans lumière, pour voir mieux le spectacle magique de la rue et de son défilé; que l'on pénètre dans quelque édifice public à vieilles colonnades et à boiseries

REMBRANDT. *La Femme d'Utrecht.*

REMBRANDT. *Élisabeth Bas.*

brunes; que l'on s'arrête dans quelque chambre ancienne; que l'on jette un coup d'œil par la porte de quelque synagogue. La scène biblique s'évoque d'elle-même. Les syndics vont se réunir. La compagnie du capitaine Frans Banning Cocq va sortir. L'homme et la femme d'autrefois vont apparaître.

L'obsession devient plus vive encore si l'on s'en va contempler la façade de la maison de Rembrandt, au n° 4 de la Joden-Breestraat, dont le rez-de-chaussée est aujourd'hui occupé par une boutique d'antiquaire. Cette maison est située à l'angle de deux canaux, contre la place Waterloo, et le logis de Rembrandt est presque adossé au logis de Spinoza (41, place Waterloo). C'est l'entrée du quartier juif, et l'illusion de l'œuvre de Rembrandt est immédiate lorsque l'on pénètre dans la pénombre des rues habitées par les vieilles aux nez crochus et les filles aux yeux noirs.

Aujourd'hui, par cette soirée de dégel, boueuse, brumeuse, où les lumières s'allument, çà et là, aux vieilles fenêtres, aux boutiques creusées en sous-sol, par ce ciel et ces eaux toujours semblables, il est facile de voir Rembrandt sortant de chez lui parmi ces ombres

MUSÉE D'AMSTERDAM.

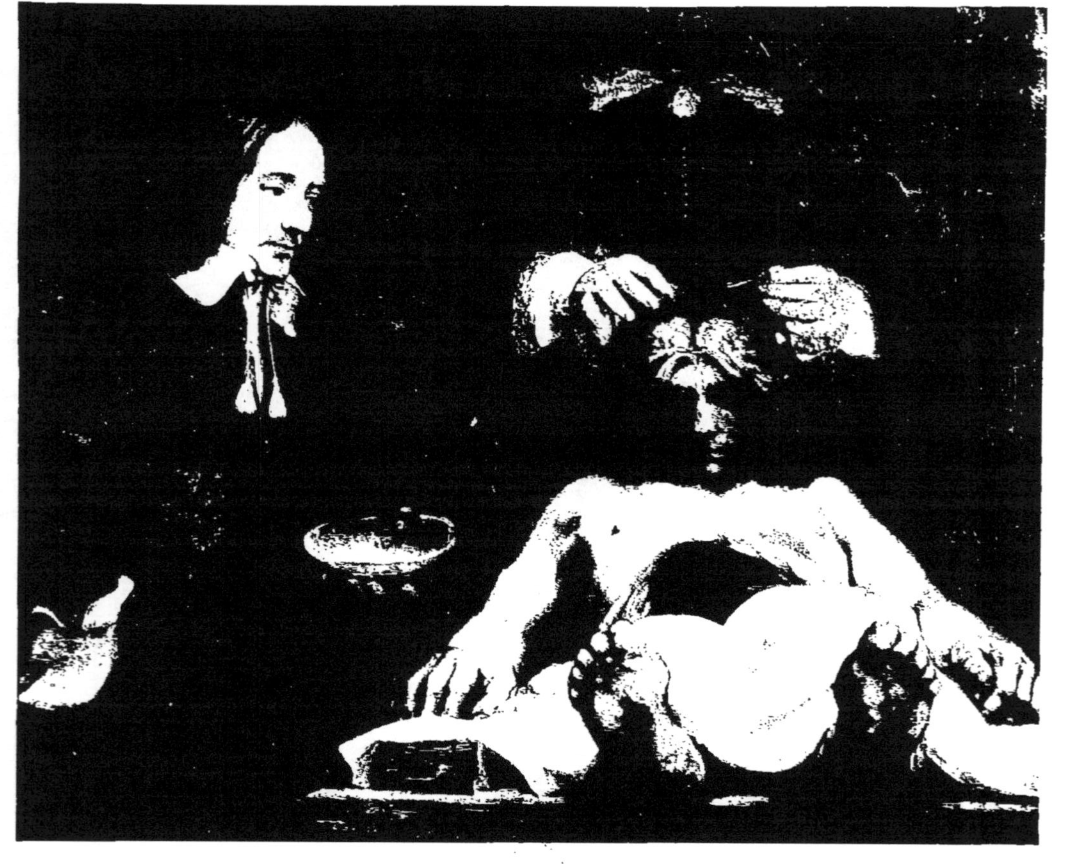

REMBRANDT. L'ANATOMIE DU DOCTEUR JOHAN DEYMAN.

et s'en allant au hasard des rues et des quais. Il se perd dans le sombre, ou il apparaît dans les coups de lumière subite. Il marche d'un pas lourd. Sa tête énergique, massive comme une tête de lion, est belle parmi toutes les pauvres figures qui l'entourent, mais ceux-là seulement qui pensent à lui peuvent l'apercevoir. Maintenant, — comme de son temps, — il est invisible à presque tous. Chacun est occupé par ses affaires, court où l'appellent ses intérêts, ses passions. Rien n'est changé. Un homme de génie a passé, voilà tout. Il y a la place Rembrandt, avec une statue quelconque, dans l'un des quartiers de la ville. Il y a un théâtre Rembrandt où l'on s'amuse d'acrobates, de danseuses et de chanteuses. Il y a enfin le Musée, où les touristes vont admirer la *Ronde de Nuit* et les *Syndics* : là est Rembrandt, mais il est aussi dans les rues de la ville, à l'heure crépusculaire, brumeuse et dorée, et celui qui vient à Amsterdam retrouver ses traces incertaines, peut suivre l'ombre toujours puissante du grand homme, qui s'en va à travers les ruelles du quartier juif, cherchant l'or de sa peinture et le noir de son eau-forte. Il est bientôt honni, disqualifié, perdu dans la nuit, parce qu'il a peint un chef-d'œuvre qui ne ressemblait à rien de ce que l'on connaissait, et il s'en va, dans une maison ignorée du quai de la Rosengracht, avec sa servante Hendrickje et son fils Titus, il s'en va peindre encore et toujours en attendant la mort et la résurrection.

Il ressuscite au Musée. Je raconte ici les choses comme je les ai ressenties. Ce Rembrandt, dont on vient de perdre les traces à travers les rues d'Amsterdam, on le retrouve vivant dans les salles du Rÿks-Museum, qu'il emplit de sa puissance.

Le portrait de son père, avec sa cuirasse et sa plume rouge, paraît douteux. Mais la *Femme d'Utrecht* et *Élisabeth Jacobs Bas,* veuve de l'amiral Swartenhout, sont de la manière savante et paisible de Rembrandt : on voit le lien avec les portraitistes tels que

Miereveld et Moreelse, mais que l'on regarde mieux Élisabeth Bas, et l'on est frappé de la force du visage et des mains. Une *Composition mythologique,* dite autrefois *Narcisse,* un jeune homme couché au bord d'un ruisseau, est du Rembrandt imaginatif, qui fait éclore une figure lumineuse dans un obscur paysage. Voici un autre paysage : un pont de pierre d'une arche, des arbres éclairés par un rayon de soleil, en avant d'un grand ciel nuageux.

Le tableau si longtemps nommé la *Ronde de nuit,* et qui a repris son vrai titre : la *Sortie de la compagnie du capitaine Cocq,* a été peint par Rembrandt en 1642. C'est un sujet semblable à nombre de ceux qui ont été traités par les artistes hollandais. Mais le génie de Rembrandt, le sens qu'il avait de la poésie du réel, crée immédiatement la différence profonde. Chez les autres peintres, cha-

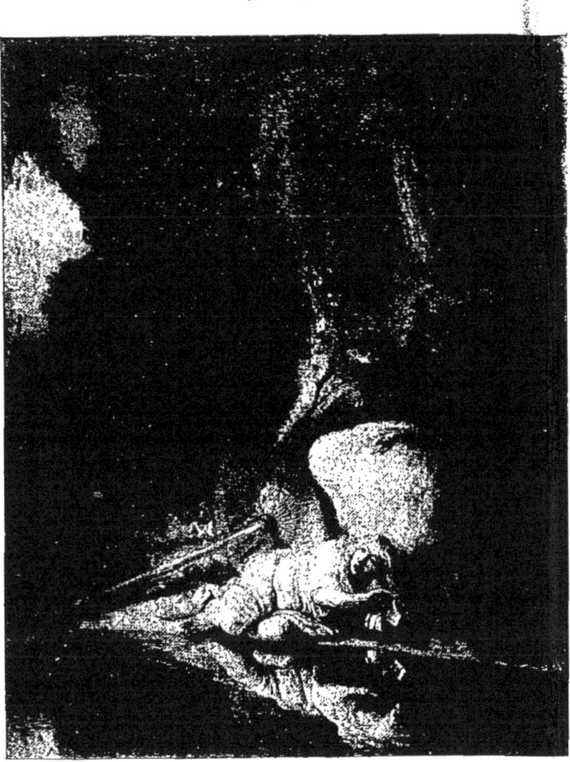

REMBRANDT. *Composition mythologique.*

MUSÉE D'AMSTERDAM.

REMBRANDT.

LES SYNDICS DES DRAPIERS EN 1661.

que tête est un portrait, tous les personnages sont également visités par la lumière, ainsi qu'ils l'exigeaient sans doute. Rembrandt supprime cette convention, cette nécessité de la commande. Il peint une foule et un mouvement dans la lumière et l'ombre, il veut toute la beauté, toute la magie du spectacle. Il laisse le programme qui lui a été imposé, il oublie la commande et fait un chef-d'œuvre. Ne cherchons pas ailleurs le motif de la défaveur qui change sa vie après cette date de 1642.

La troupe sort tumultueusement et joyeusement. C'est le moment où les gardes se rassemblent. Le tambour bat. Le drapeau est déployé. Le capitaine et le lieutenant s'avancent les premiers. Le capitaine, vêtu de noir, la collerette blanche et l'écharpe rouge, cause, tout en marchant, la main étendue, avec le lieutenant, vêtu de jaune, ou plutôt d'or, la taille serrée d'une ceinture de soie blanche, le haut de la poitrine enserré d'un hausse-col d'acier. Le capitaine tient une canne, le lieutenant porte une hallebarde. Ce qui est inexprimable, c'est l'allure de ce corpulent homme noir, de ce petit homme en or. Ils se déplacent, ils marchent, ils viennent vers nous. Autour d'eux, c'est, non pas le désordre, comme on le dit, mais une mise en marche qui va s'ordonner. Nous n'avons pas devant nous des soldats disciplinés, mais une compagnie bourgeoise, des hommes libres, orgueilleux de leur action. La vie fière de la Hollande affranchie s'exprime fortement par cette réunion où les physionomies sont éveillées et conscientes : l'homme noir, à droite, qui parle au tambour, le spirituel jeune homme, au grand chapeau, et les trois physionomies qui l'entourent, le soldat rouge qui charge son fusil. Ce n'est pas tout, et la poésie de Rembrandt illumine encore à nouveau son œuvre, par cette petite fille rousse en robe dorée, qui porte à sa ceinture les prix du tir, une bourse et un coq blanc, et qui va prestement à travers le groupe, comme un feu follet. Par elle, par le lieutenant doré, par tous les visages lumineux, par tous les hommes agités de la même passion, éclate la vérité de la vie, la pénétration profonde de Rembrandt. Et c'est la lumière du soleil qui éclaire obliquement la scène, qui projette l'ombre de la main du capitaine sur la tunique du lieutenant, qui fait resplendir la force d'expression de toutes ces figures. Le mystère, c'est le génie de Rembrandt, qui connaît la puissance de la lueur et du frisson, et qui s'est plu ici à l'apparition du réel. Pour Rembrandt, cette fantasmagorie était simplicité.

L'*Anatomie du docteur Johan Deyman* a été peinte, en 1656, pour la gilde des chirurgiens. L'œuvre a été brûlée en partie en 1723, et des morceaux de ce fragment ont été repeints. Ce qui porte la marque de Rembrandt est admirable : le torse vide du

REMBRANDT. *Ruth et Booz.*

MUSÉE D'AMSTERDAM

VAN DER HELST. LE BANQUET DE LA GARDE CIVIQUE.

mort, la chair rigide devenue comme une architecture de marbre, le visage encore expressif, alors que les mains du docteur (dont la tête n'existe plus) sont occupées à tirer la cervelle du crâne sous les yeux d'un élève attentif.

Les *Syndics des drapiers* sont de 1661. Rembrandt a donné ici la mesure complète de sa force : construction, relief, lumière, expression, tout y est. Voilà probablement la peinture la plus vivante qui soit, celle de ces cinq hommes en noir, à grands chapeaux, à perruques, à collerettes blanches, réunis dans une salle aux boiseries brunes, autour d'un merveilleux tapis rouge et doré. Tous les caractères de la race sont marqués avec les particularités individuelles : le sérieux protestant, l'air affable du commerçant, le contentement des jeunes, la fatigue des vieux. Les mains parlent comme les visages, la main qui tient le sac, les mains qui tiennent le livre. Derrière eux, un serviteur. On suppose que les cinq hommes rendent leurs comptes à une assemblée. Ce qu'il y a de certain, c'est que leur occupation anime leurs visages, que jamais la vie n'a été traduite avec plus d'intensité. Après deux siècles et demi, ces hommes gardés tels qu'ils étaient par la peinture, sont encore des acteurs et des témoins de l'existence. Les yeux voient, les bouches parlent, les fronts pensent. Si la *Sortie de la compagnie du capitaine Cocq* peut faire songer à la mise en scène d'un drame de Shakespeare, mêlé de jovialité et de mystère, les *Syndics* montrent le même esprit que dans une comédie de Molière, et l'un d'eux, par une bizarre rencontre, ressemble à Molière lui-même. Et tous, comme les héros bourgeois de la garde civique, ont le soleil sur le visage.

Ruth et Booz est de la fin de la vie de Rembrandt : il ne travaille plus alors que pour lui, il a cherché et réalisé le sentiment attendri et bienveillant de l'homme âgé, le sentiment confiant et pur de la jeune femme, la riche harmonie des costumes rouges et dorés.

VAN DER HELST. *Les Gardes civiques du capitaine Roelof Bicker.*

V. — PRÉDÉCESSEURS, CONTEMPORAINS ET ÉLÈVES DE REMBRANDT. — DIRCK BARENTZ. — AERT PIETERSEN. — VAN RAVESTEYN. — NICOLAS ÉLIAS. — THOMAS DE KEYSER. — VAN DER HELST. — SANTVOORT. — FERDINAND BOL. — GOVERT FLINCK. — VAN EECKHOUT. — NICOLAS MAËS.

IL y a au musée d'Amsterdam la plupart des contemporains de Rembrandt, qui ont peint, avant lui parfois, ou en même temps que lui, des portraits, des réunions de gardes civiques. Dirck Barentz (1534-1592), après un séjour à Venise, chez le Titien, revint à Amsterdam, fit le portrait médiocre du *Duc d'Albe,* la *Réunion de Gardes civiques* avec quatorze personnages, une autre réunion dite des *Mangeurs de chabot,* où il y a un métier meilleur. Aert Pietersen, (1550-1612), fils de Pieter Aertsen, peint la *Leçon d'anatomie du docteur Egbertsz,* les *Six Syndics de la halle au drap d'Amsterdam,* des *Gardes civiques,* œuvres colorées et puissantes par places, qui comptent dans la tradition suivie par Rembrandt. Chez Pietersen, plus encore que chez Barentz, ces réunions d'hommes ont un caractère de force, de volonté, de passion contenue. Je cite Judith Leyster, née vers 1600, morte en 1660, qui peint des figures de faible comique et de pitto-

SANTVOORT. LES QUATRE RÉGENTES DU SPINHUIS.

resque trop voyant, telle que celle de ce *Buveur* glabre, qui rit en montrant son pot de bière vide. Jan Lievens (1607-1674), élève de Lastman, comme Rembrandt, est un portraitiste convenu dans la représentation d'apparat de l'amiral Martin Tromp, guerrier souriant, à cheveux gris, cuirassé, tenant à la main son bâton de commandement : c'est dommage, on aurait aimé à voir un Tromp véridique. De même, Ruyter sera banalisé par Ferdinand Bol.

Van Bassen, dont on ne sait pas la date de naissance, et qui a été enterré à La Haye en 1652, peint, en collaboration avec Esaïas van de Velde, un *Intérieur hollandais* du commencement du XVIIe siècle, tableau intéressant, renseignant au premier chef par l'ordonnance de l'architecture et de l'ornementation, les beaux meubles massifs et les groupements de personnages qui causent, qui boivent, les serviteurs qui s'empressent, les animaux familiers, chien, perroquet, singe. Jan van Ravesteyn (1592 (?)-1657) est surtout à la Haye, où il vécut, mais il existe à Amsterdam par le *Portrait du vice-amiral Joris van Cats,* et de nombreux petits portraits documentaires. Adrien Van de Venne (1589-1661), dont nous avons une fête bigarrée au Louvre, est aussi

VAN DER HELST. *Gérard Bicker.*

pittoresque et ingénieux ici avec des portraits des princes d'Orange à cheval et l'allégorie de la *Pêche aux âmes*. Nicolas Élias (1590-vers 1650) est un observateur des manières d'être, un devineur de caractères, un portraitiste aigu et un costumier scrupuleux, comme on peut s'en convaincre par le portrait de *Marten Ray* et de sa femme *Maria Joachima Swartenhoudt*, par la réunion des *Quatre Régents du Spinhuis*, par les banquets et les groupements peints pour le Doelen des arbalétriers, la corporation des chirurgiens, la ville d'Amsterdam. Thomas de Keyser (1597-1667) passe pour avoir exercé une influence sur Rembrandt, bien qu'il soit presque du même temps, de neuf ans plus âgé que lui, et mourant deux ans avant lui. Il a peint, comme beaucoup d'autres, des réunions de gardes civiques, des leçons d'anatomie, et c'est un artiste fort distingué, comme on peut s'en convaincre par la *Famille Cruywaghen* dans un jardin.

SANTVOORT. *Agatha Geelvinck.*

Mais l'artiste qui obtint le mieux la faveur publique et qui l'a

MUSÉE D'AMSTERDAM.

VAN GOYEN. LE CHÂTEAU DE VALKENHOF À NIMÈGUE.

encore conservée au détriment de peintres qui lui sont supérieurs, comme Nicolas Élias et Thomas de Keyser, entre autres, est Bartholomeus Van der Helst (1612-1670), l'auteur célèbre du *Banquet de la garde civique à l'occasion de la paix de Westphalie, le 18 juin 1648,* que l'on n'a pas craint d'opposer à Rembrandt. Il est, en effet, juste son contraire, et il faut choisir. Tant pis pour ceux qui ne choisissent pas Rembrandt. Ce *Banquet* est l'exemple parfait du tableau officiel, de la commande savamment exécutée. Tous les visages sont en valeur. La correction est présente, mais le génie est absent. Le succès est venu précisément de l'égalité de la facture, de l'adresse tranquille, du coloris brillant, de la claire harmonie. C'est théâtral de gestes : voyez le porte-drapeau, l'homme au hanap. Mais Van der Helst acceptait les nécessités du programme, et on peut lui reconnaître l'habileté des détails : l'étendard bleu, le

Wybrandt de Geest. *Petite fille.*

FERDINAND BOL. *Son portrait.*

hanap, les broderies, les chapeaux, les plumes, les bottes évasées, certaines attitudes anecdotiques de l'un qui découpe un poulet, de l'autre qui mange, d'un troisième qui va boire, d'un quatrième qui tient un morceau de viande au bout de son couteau. Il en est de même avec les *Gardes civiques du capitaine Roelof Bicker,* où tout est montré avec la même facile ostentation, depuis le costume en drap d'argent de l'officier jusqu'au geste du buveur qui renverse son verre. Van der Helst est supérieur dans la réunion des quatre personnages maniant des objets précieux : *Les Chefs des Arbalétriers de Saint-Sébastien;* dans tel portrait la femme : *Geertruda den Dubbelde, femme de l'amiral Van Nes;* dans le *Portrait de Gérard Bicker, drossart de Mui-*

FERDINAND BOL. *Quatre Régents de la maison des Lépreux.*

MUSÉE D'AMSTERDAM.

ALBERT CUYP. PAYSAGE MONTAGNEUX.

den. Ce G
même un cu
adolescent

den. Ce Gérard Bicker a même un curieux aspect, adolescent très gras, monstrueux, avec ses petits traits, petits yeux, petite bouche, petit nez, petit menton augmenté d'un autre énorme menton qui tombe sur sa collerette. Il est néanmoins joli dans sa graisse, sous sa chevelure rousse, et comique aussi, par son air suffisant, son poing sur la hanche, et somp-

FERDINAND BOL. *L'Amiral Ruyter.*

GOVERT FLINCK. *Joan Uytenbogaert.*

tueux par son costume gris et rouge. Voilà un bon Van der Helst, qui a gagné à être isolé. Le peintre manquait, cela est trop évident, de la science des ensembles, et il a fait illusion à son temps, et il fait encore illusion.

De même qu'on peut lui préférer Élias et Keyser, on peut lui préférer Santvoort (1610-1680). C'est un bon portrait que celui d'Agatha Geelvinck, jeune femme malingre, à la grande collerette brodée. C'est un beau tableau que celui des *Quatre Régentes du Spinhuis,* par la douceur de la lumière, l'expression sérieuse des visages de ces femmes réunies autour de la table au tapis olive, la tranquillité des occupations, l'une qui tient un billet, une autre qui fait des comptes, les deux autres qui examinent une dentelle. C'est la gravité même, la tenue, le style de la réalité.

NICOLAS MAES. *Vieille Femme en prières.*

Santvoort peut être considéré comme un « influencé » de Rembrandt. Aucun des élèves directs du maître n'est parvenu à cette tranquille maîtrise. Wybrandt de Geest (1590-1650) qui épousa la belle-sœur de Rembrandt, ne fut pas son élève, et de fait, rien ne révèle la parenté dans le portrait de petite fille qui tient une balle et qui est revêtue d'une robe à dessins en zigzags. Ferdinand Bol (1610-1680) est fade dans son propre portrait, lourd dans le portrait de Ruyter, se montre meilleur peintre avec les *Quatre Régents de la maison des Lépreux*. Govert Flinck (1615-1660) imite de trop près la dernière manière de Rembrandt avec *Isaac bénit Jacob*, et comme Bol, révèle l'étude et le sérieux par des réunions de gardes civiques, de régents, par le portrait excellent du percepteur

RUISDAEL. VUE DU RHIN, PRÈS DE WIJK-BY-DUURSTEDE.

Johan Uytenbogaert, ami de Rembrandt. Van Eeckhout (1621-1674) s'inspire aussi directement de son maître, avec la *Femme adultère.* Nicolas Maës (1632-1693) est un peintre adroit à confectionner des toiles sentimentales et anecdotiques, la *Vieille Femme en prières,* qui dit son benedicite pendant que le chat tire la nappe, la *Rêveuse,* une jeune fille dans le cadre d'une fenêtre, peintures moelleuses, non sans talent, mais calculées et truquées.

VI. — LES PAYSAGISTES. — VAN GOYEN. — VAN EVERDINGEN. — JAN BOTH. — PHILIP DE KONINCK. — ALBERT CUYP. — RUŸSDAËL. — LES VAN DE VELDE. — WŸNANTS. — LES PEINTRES DE VILLES. — BEERSTRATEN. — DE WITTE. — VAN DER HEYDEN. — BERCK-HEYDE. — JAN HACKAERT. — HOBBEMA. — VAN DER NEER. — LES ANIMALIERS.

Nous pouvons, avant de passer la revue des peintres du musée d'Amsterdam qui ont représenté la vie hollandaise dans son intimité, demander aux paysagistes de nous faire apparaître le décor du pays. Presque tous l'ont fait avec le soin, l'attention, l'amour délicat que l'on pouvait attendre d'une belle école naturiste. Certains ont montré un sentiment rare de l'étendue des horizons, de la grandeur et de la

ALBERT CUYP. *Vue de Dordrecht.*

profondeur du ciel, de la vie humble de l'homme qui chemine au bord de l'eau, aux environs d'un village. Ici, comme dans tous les genres qu'il a abordés, l'art hollandais montre une poésie faite de touchante réalité, prise dans la vie de tous.

Un des premiers paysagistes en date est Esaïas van de Velde (1590-1630), avec les *Amusements de l'hiver*; mais ce joli tableau de genre est vite oublié devant les évocations si harmonieusement résumées d'un artiste tel que Van Goyen (1596-1656). Celui-ci est vraiment un maître de l'espace, des lointains, de l'atmosphère. Je me permets de débaptiser le « Paysage », mieux nommé les *Vieux Chênes,* deux arbres vénérables, foudroyés, tor-

VAN GOYEN. *Les Vieux Chênes.*

RUISDAEL. VUE DE HAAR

PH. DE KONINCK. *Paysage.*

dus, qui dressent encore leur force en plein ciel, au-dessus de l'étendue. Le *Château de Valkenhof,* à Nimègue, domine un paysage d'eau et de brume. Des barques sont à l'abri des murailles, un bac chargé de voyageurs traverse le fleuve. Au loin, d'autres barques, un moulin sur une basse colline. Tout est délicieusement doré. Les vues de Dordrecht, avec l'étendue couverte de voiles grises, sont des visions de la Hollande émergeant des eaux. Van Goyen dessine sa peinture, se tient souvent aux tons bistres et verdâtres, et ces œuvres, qui paraissent sommaires, disent toute la profondeur et tous les jeux de l'atmosphère, de l'eau d'argent, des pierres et du sol vus à travers une légère dorure. On a sur l'existence de Van Goyen quelques renseignements. Il est né à Leyde, il serait venu à Paris, il a étudié à Haarlem chez Esaïas van de Velde, il est revenu à Leyde. On suppose que là, de 1625 à 1630, il connut Rembrandt, plus jeune que lui de quelques années. Il est juste de constater chez Van Goyen une force de résumé comme chez Rembrandt. Il est moins juste de dire que Van Goyen n'a vu que des apparences. Il montre, au contraire, un esprit très pénétré de la mélancolie des choses, devant les espaces d'eau morne, les larges entrées de mer, les villes voilées de brume, les ciels chargés de nuées.

Auprès de lui Aldert van Everdingen (1606-1679) est d'un pittoresque appuyé; mais il a tout de même un goût de sauvagerie, un amour de la nature âpre, qui annoncent Ruÿsdaël. Jan Both (1610-1652) peint d'élégants paysages italiens après son voyage à Rome. Philip de Koninck (1619-1668) a été l'élève de Rembrandt, et il s'éprend, à son exemple, des étendues où la lumière accuse les détails essentiels jusqu'à l'horizon. Albert Cuyp (1620-1691), qui est né à Dordrecht, fait le portrait ressemblant de sa ville. Rien ne manque, ni l'église, ni l'hôtel de ville, ni le moulin, ni les barques, ni le na-

A. VAN DE VELDE. *L'Artiste et sa Famille.*

MUSÉE D'AMSTERDAM.

W. VAN DE VELDE LE JEUNE. LE COUP DE C

vire, ni l'eau et le ciel gris. Son *Paysage montagneux* est marqué de la belle dorure du soleil : le troupeau de moutons qui gravit la pente est vraiment tout enveloppé de poussière et de lumière.

JAN HACKAERT. *L'Allée de frênes.*

Jacob van Ruÿsdaël (1628-1682) manifeste son génie, épris de solitude, par la chute d'un torrent parmi des rochers, par le château de Bentheim dressé sur une colline, par la forêt et la mare. La *Vue du Rhin près de Wÿk-bÿ-Duurstede* est un tableau d'une simplicité magnifique, d'un effet saisissant. Les vagues viennent doucement déferler dans une petite anse bordée de palissades. Un bateau se dirige vers un autre retrait. Sur l'avancée de terre, un grand moulin, avec son balcon circulaire où l'on aperçoit le meunier. Trois femmes passent dans un sentier. Au fond pointe le clocher d'une église. Un grand ciel nuageux se lève au-dessus de l'humble et beau spectacle. Et voici Ruÿsdaël encore épris de simplicité et de grandeur, avec la *Vue de Haarlem* : une vaste plaine; au premier plan des basses maisons, émergeant de la verdure des champs où des paysans étendent du linge; sur la ligne d'horizon, les monuments et les clochers de Haarlem; et partout des ailes blanches de moulins à vent qui semblent tourner. Ce paysage occupe un peu plus du quart du tableau. Le reste, c'est le ciel, un portrait grandiose et mélancolique du ciel, avec ses vapeurs grises et argentées et un grand espace lumineux.

Nous retrouvons les Van de Velde avec Willem van de Velde le Vieux (1611-1693), frère d'Esaïas, et Willem van de Velde le Jeune (1633-1707). Un grand intérêt s'attache à leurs œuvres. Le

GERRIT BERCK-HEYDE. *Le Marché aux fleurs, à Amsterdam.*

MUSÉE D'AMSTERDAM.

BREKELENKAM. LA BOUTIQUE DU TAILL

Vieux suivit la flotte hollandaise en guerre contre l'Angleterre, dessina d'après nature nombre de rencontres : le musée possède de lui nombre de dessins à la plume sur toile. Le Jeune continua son père, vit aussi la guerre navale. Il est, comme son père, bon peintre de marines, net, large, aisé, dans nombre de compositions. Voici, de lui, la forêt de navires de l'Y d'Amsterdam et le *Coup de canon*, sur une mer calme. Il excelle à dresser les grands vaisseaux chargés de toile, décorés de sculptures, hérissés de canons et entourés de barques. Adrien van de Velde (1636-1672) est aussi un fils de Van de Velde le Vieux. Il fut, comme Wouwerman, élève de Wÿnants (1625-1682), maître avisé des paysages de terre. Adrien van de Velde suivit cette voie, peignit finement des vues de villes, des bouquets d'arbres, des maisonnettes. On croit qu'il s'est représenté avec sa famille dans un paysage infiniment délicat et harmonieux. Il clôt dignement les travaux de la famille Van de Velde, si douée, si active, si intéressante, non seulement par les paysages et les scènes de vie hollandaise d'Esaïas, par les marines des deux Willem, mais par les gravures de Jan.

HOBBEMA. *Moulin à eau.*

Beerstraten (1622-1666) est un peintre de marines et aussi un peintre de ville qui peint l'hôtel de ville d'Amsterdam après l'incendie de 1652. De Witte peint des intérieurs d'églises. Van der Heyden (1637-1712) peint le *Dam* avec l'église neuve et le *Pont de pierre*, magnifiquement ombragé. Gerrit Berck-Heyde (1638-1698) est le peintre de l'aristocratique *Heerengracht*, le quai silencieux aux maisons sévères, du *Marché aux fleurs* près de l'Hôtel de ville. Ces peintres savent les physionomies des maisons, leurs changeantes expressions, leurs gaietés, leurs renfrognements. Parfois, ils n'ont pas la même sûreté pour peindre les figures, et c'est ainsi qu'Adrien van de Velde se charge des personnages dans maint tableau de Van der Heyden. Le fait, on le sait, est fréquent dans l'histoire de l'art hollandais. L'*Allée de frênes*, de Jan Hackaert (1629-1699), est pourvue de figurines de chasseurs par Adrien van de Velde, figurines spirituelles, bien placées, dans le paysage bien ordonné, parmi les hauts arbres qui entourent une pièce d'eau de leur élégante colonnade.

JAN ASSELYN. *Allégorie de Jan de Witt.*

Les marines de Bak-

GERARD DOU. SON PORTR.

peintre de ville qui peint l'hôtel de ville d'Amsterdam après l'incendie de 1652. De Witte peint des intérieurs d'églises. Van der Heyden (1637-1712) peint le *Dam* avec l'église neuve et le *Pont de pierre*, magnifiquement ombragé. Gerrit Berck-Heyde (1638-1698) est le peintre de l'aristocratique *Heerengracht*, le quai silencieux aux maisons sévères, du *Marché aux fleurs* près de l'Hôtel de ville. Ces peintres savent les physionomies des maisons, leurs changeantes expressions, leurs gaietés, leurs renfrognements. Parfois, ils n'ont pas la même sûreté pour peindre les figures, et c'est ainsi qu'Adrien van de Velde se charge des personnages dans maint tableau de Van der Heyden. Le fait, on le sait, est fréquent dans l'histoire de l'art hollandais. L'*Allée de frênes*, de Jan Hackaert (1629-1699), est pourvue de figurines de chasseurs par Adrien van de Velde, figurines spirituelles, bien placées, dans le paysage bien ordonné, parmi les hauts arbres qui entourent une pièce d'eau de leur élégante colonnade.

JAN ASSELYN. *Allégorie de Jan de Witt.*

Les marines de Bak-

MUSÉE D'AMSTERDAM.

GERARD DOU. SON PORTR.

huyzen (1631-1708) sont lourdement peintes, et cette revue des paysagistes de la Hollande peut se terminer par Hobbema (1638-1709), le maître des moulins à eau, par Van der Neer (1643-1703) et sa *Rivière en hiver*, couverte d'une foule, harmonie de taches mouvantes et sombres et d'un paysage immobile et glacé.

Il faut toutefois nommer ici quelques paysagistes qui ont spécialement représenté des animaux dans leurs compositions. Jacob Gerrit Cuyp (1594-1651), père d'Albert Cuyp, est l'auteur d'une *Scène champêtre* (cheval, chien, mouton, personnages); Philip Wouwerman (1619-1668) est le fin metteur en scène des chasses, des cavalcades, des manèges, des campements; Albert Cuyp se retrouve ici avec le *Combat de coq et de dindon* en avant d'un vaste paysage bleui; Melchior d'Hondecoeter (1636-1695) peint en naturaliste le pélican, le héron, la grue, les canards de la Chine; Veenix (1640-1719) fait des trophées de gibier mort; et l'on peut mettre Asselyn (1610-1652) parmi les animaliers, pour ce cygne blanc aux ailes éployées par lequel il a représenté la vigilance du grand pensionnaire Jan de Witt.

VII. — ADRIAAN VAN OSTADE. — MOLENAER. — BREKELENKAM. — GÉRARD DOU. — TER BORCH. — VAN DEN TEMPEL. — HENDRICK TEN OEVER. — HERCULES SANDERS. — BERNARD FABRITIUS. — HOOGSTRATEN.

VAN OSTADE (1610-1685) est le petit maître qui a le mieux exprimé la vie paisible des chaumières : sa *Réunion de villageois* a la malice et la bonhomie de la conversation des buveurs et des fumeurs autour de l'âtre. Le peintre connaît aussi la science des plans et la répartition de la lumière, installe au fond de sa toile une seconde scène de gens réunis autour d'une table, auprès d'une porte à petits carreaux cerclés de plomb. Molenaer (1610-1668) installe une *Dame au clavecin*, la dame bien mise, manches brodées, jupe à grand fracas, une chaufferette sous les pieds, le clavecin orné d'une peinture. Brekelenkam, né à Zwammerdam, on ne sait en quelle année, mort à Leyde en 1668, est un des meilleurs metteurs en scène de la comédie populaire et de la comédie bourgeoise. On entend les femmes des *Confidences,* la vieille marchande en noir, la dame en fichu et tablier blancs. On assiste à la vie du *Tailleur,* installé sur la grande table avec ses deux apprentis, et qui discute avec une ménagère le prix d'une réparation d'un vêtement; tout est montré avec finesse, peint avec sérieux, par un artiste qui connaît les jeux des physionomies et les

MOLENAER. *Dame au clavecin.*

MUSÉE D'AMSTERDAM.

GERARD DOU. L'ÉCOLE DU SOIR.

effets de la lumière.

Gérard Dou (1613-1675) connaît aussi cette science de l'éclairage des choses, et il l'a apprise à bonne école, chez Rembrandt ; mais on voit par lui ce que peut devenir un principe juste chez un artiste qui est seulement appliqué et habile. Dans ses meilleurs tableaux, il y a quelque chose d'aigu et d'étroitement combiné. Son portrait est précieusement et théâtralement traité. Son *École du soir,* aux ombres opaques, trouées par des clartés de chandelles, est un abus du contraste, mais les têtes d'enfants sont finement observées. Combien on est en droit de lui préférer Ter Borch (1617-1681), précieux, lui aussi, lorsqu'il peint un costume, une robe claire comme dans la *Visite* (cataloguée je ne sais pourquoi la *Remontrance paternelle*), et en même temps si probe, si net, sans sécheresse, dans son portrait, dans celui de sa femme. On lui attribue aussi la cocasse petite fille vieillotte qui porte un sac rose : *Hélène van den Schalke.*

TER BORCH. *La Visite.*

Abraham van den Tempel (1622-1672), dont les œuvres sont rares, apparaît comme un peintre de bonne race, non par le *Portrait de femme*, qui est une copie de Van der Helst, mais par le

Portrait d'Abraham Visscher, gros homme en noir, au double menton, par la réunion de famille qui peut être intitulée la ***Musique*** : une jeune fille qui joue de l'épinette, un jeune garçon qui joue du violoncelle, une dame et une petite-fille qui chantent, un homme debout, une femme assise avec un petit enfant sur ses genoux. Tous ces visages, nets comme des masques, les traits dessinés d'une façon acérée, sont doués d'une vie singulière, un peu fixe. Le groupement est fort bien ordonné et Van den Tempel, avec une telle œuvre, pourrait avoir une célébrité de portraitiste, même parmi les peintres portraitistes de la Hollande. Dans le même ordre de talent, un peintre de la seconde moitié du XVIIe siècle, Hendrick ten Oever, est l'auteur d'une remarquable réunion de famille où se voit une sorte d'infante hollandaise, à rubans rouges, à joues rouges comme la pomme que sa mère tient dans sa main. Et encore, Hercule Sanders, né en 1606, qui se montre un vrai peintre dans le *Por-*

VAN DEN TEMPEL. *La Musique.*

MUSÉE D'AMSTERDAM.

TTRIBUÉ À TER-BORCH. PORTRAIT D'HÉLÈNE VAN DEN SCHA

trait d'une Dame de qualité : un visage et une grande collerette, et cela suffit. On ne sait rien de la plupart de ces peintres, on sait qu'ils peignent avec beaucoup de sérieux et d'application, voilà tout. On n'a pas éclairci, par exemple, la biographie des Fabritius.

BERNARD FABRITIUS. *L'Architecte Van der Helm et sa Famille.*

Nous trouverons Carel Fabritius au musée de Rotterdam. Ici, à Amsterdam, c'est Bernard Fabritius, également du milieu du XVIIe siècle, et que l'on croit élève de Rembrandt. Il est l'auteur d'un excellent trio : *Willem van der Helm, architecte de la ville de Leyde, avec sa femme et son enfant.* L'homme à grand chapeau tient un livre et un compas. La femme soutient son enfant debout, sur une table, telle une Vierge avec un Jésus. La beauté, c'est la

HOOGSTRATEN. *La Malade.*

vie de tous ces gens, la façon directe et assurée dont ils vous regardent. Toute la Hollande de ce temps-là a fait faire son portrait, et elle l'a fait faire avec un plaisir évident.

Samuel van Hoogstraten (1626-1678) peut clore cette série, bien que sa *Malade*, d'une jolie blancheur, soit visitée par un médecin d'allure un peu solennelle et vulgaire : la comédie est mise en scène sans bonhomie, et l'ensemble a tout à la fois de l'apprêt et de la mollesse.

La liste pourrait être allongée indéfiniment, pour les peintres de genre, comme pour les portraitistes, comme pour les paysagistes. Les artistes pullulent, littéralement, au XVIIe siècle, en Hollande, et le musée d'Amsterdam est singulièrement abondant en œuvres de tous genres, signées ou d'auteurs anonymes.

MUSÉE D'AMSTERDAM.

JAN STEEN. LA CAGE DU PERROQ

VIII. — JAN STEEN. — PIETER DE HOOCH. — GABRIEL METSU. — VAN DER MEER DE DELFT. — MIERIS LE VIEUX ET MIERIS LE JEUNE. — NETSCHER. — CORNELIS TROOST.

H! le personnage intéressant que Jan Steen! Voyez d'abord son portrait, en costume noir et rabat blanc, cette tête solide, cette bouche épaisse et spirituelle, ces yeux fins, au regard malin, pénétrant, cette expression bonne et fière, et cette main forte et énergique. Cet homme-là n'a pas l'air de l'ivrogne et du débauché de sa légende. Il s'est représenté souvent, c'est vrai, dans les scènes de tabagie, les ripailles, les franches lippées, les violentes manifestations de la bête humaine. Mais observez qu'il s'est caricaturé à plaisir, qu'il est toujours là, narquois ou riant aux éclats, et que le peintre s'est choisi comme une sorte de chef d'orchestre de ces sabbats. Non, Jan Steen est mieux qu'un ivrogne qui s'enivre avec ses modèles. S'il peint l'ivresse, son talent ne la ressent pas, domine le tumulte, met chaque chose à sa place. Jan Steen, si l'on s'en tient à un aspect de son talent, est un grand observateur de mœurs joyeuses et brutales. Il n'a pas la puissance de Rembrandt, ni la saveur de Pieter de Hooch, ni la grâce mystérieuse de Van der Meer de Delft, mais il a le talent qui convient à son observation, il sait ins-

JAN STEEN. *Son portrait.*

JAN STEEN. *La Fête de Saint Nicolas.*

taller et caractériser ses personnages, il sait leur faire rendre toute la force de comique inconscient qui est en eux. On n'est pas frappé tout de suite par la forme, l'harmonie de ses tableaux, mais il est impossible de ne pas admirer leur humanité, leur vigueur, leur verve. Steen est un observateur de théâtre qui s'exprime par la peinture.

On voit très bien Steen à Amsterdam. D'abord, il n'est pas toujours un peintre de mauvaises mœurs. La *Fête de Saint Nicolas* est une plaisante réunion de famille, toute empreinte de bonhomie. Des enfants ont trouvé tous les jouets, tous les gâteaux, tous les fruits, et même un beau Saint Nicolas dans leurs souliers, et ils rient, et aussi se moquent du grand garçon qui a eu pour lôt une verge pour le fouetter. Seule une vieille grand'mère a pitié du

MUSÉE D'AMSTERDAM.

JAN STEEN.

FÊTE DE L'ANNIVERSAIRE DU PRINCE D'ORANGE.

déshérité, l'appelle discrètement pendant que tout le monde le bafoue. Observez comme chaque nuance est exprimée sur ces visages, et aussi sur les visages de la *Joyeuse famille,* tous riant, buvant, chantant, jouant du violon, de la flûte, de la cornemuse, autour d'un jambon, dans une chambre où une affiche dit : « Comme les vieux chantent, les petits piaulent. »

C'est aussi de Steen, cette *Cage du perroquet,* où les joueurs de trictrac, et la jeune femme qui donne à manger à l'oiseau, approchent de la tournure des petits maîtres bourgeois et élégants de la Hollande. De même, cette parfaite toile de la *Malade,* en jupe jaune et en veste grise, coiffée d'un bonnet blanc, dont la physionomie exprime si

JAN STEEN. *La Malade.*

JAN STEEN. *Le Boulanger Oostwaard.*

bien la fièvre de la maladie et le désir éveillé de vivre, cependant que le vieux médecin paterne, à gros souliers carrés, tient le bras grassouillet de la jeune femme, de sa main sèche et noueuse, et fait ses recommandations. La figure rieuse du *Boulanger Oostwaard* est un peu molle et quelconque, après cette scène si finement et fermement tracée.

Mais voici le vrai Steen, fouilleur sans pitié de la nature humaine, avec le *Libertin*, ce gros homme ivre par lequel il a bien pu peindre son propre portrait, comme Molière pouvait jouer les pires rôles de ses pièces. Une vieille femme le distrait par un petit moulin à vent, pendant qu'une jeune débraillée lui vide ses poches. Un autre tableau : *Après boire*, est plus violent encore, met en scène la

MUSÉE D'AMSTERDAM.

PIETER DE HOOCH. INTÉRIEUR.

débauche du vieillard, auprès duquel, sur un banc, une autre débraillée est endormie. Une servante vole le manteau du vieux, des musiciens rient, une image fixée à une cloison montre un hibou, une chandelle, des lunettes, et cette inscription : « A quoi servent chandelles et lunettes, puisque le hibou ne veut pas voir. » Le hibou est ivre, et la salle est sombre. Le peintre montre son talent, l'homme son observation supérieure, par l'atmosphère de vice et les physionomies à jamais fanées et déchues.

Et voici un autre chef-d'œuvre : La *Fête pour l'anniversaire du prince d'Orange*. L'aubergiste qui boit, un genou en terre, les visages riants et sérieux qui l'entourent, le jeune homme (Steen encore) qui lève son verre auprès de la belle servante, la dame et la petite fille, les personnages qui écoutent une lecture, d'autres

PIETER DE HOOCH. *La Société en plein air.*

qui mangent, qui fument, ces groupements sont admirablement disposés dans la grande salle. Steen, qui aime les inscriptions, qui souligne ce qu'il veut dire, a écrit sur une feuille de papier : « A la santé du jeune Nassau, d'une main le sabre, de l'autre le verre. » Et au dessus de la cheminée : « *Salus patriæ, suprema lex esto.* »

Pieter de Hooch, né en 1630 à Utrecht, est mort à Amsterdam après 1677, car on ne sait même pas la date exacte de la mort de ce merveilleux petit maître. Pendant plus d'un siècle, il est resté dans l'oubli, à ce point méconnu des amateurs que ses tableaux devaient être attribués à d'autres peintres pour obtenir quelque faveur. On le plaçait non seulement au-dessous de Metsu, mais encore après Miéris. On n'aurait pas même osé le comparer à Gérard Dou. Il a bien repris sa place maintenant. Voilà le vrai élève de Rembrandt, celui qui a compris l'enseignement, et qui a gardé sa personnalité. Ses tableaux sont parmi les mieux disposés, les plus solides de formes. L'air et la lumière circulent parmi les salles dallées, les couloirs, les cours.

L'*Intérieur,* c'est une mère qui tient son enfant, pendant qu'une servante lave le carreau, et c'est un éclat lumineux découpé sur la muraille et la cheminée par l'entrée de jour de la haute fenêtre. *Une Mère peignant son Enfant,* c'est une femme assise auprès d'une alcôve, et qui peigne, ou plutôt inspecte la chevelure de sa petite fille, et c'est une porte ouverte sur une autre pièce dont la croisée encadre la campagne. Le *Messager,* c'est un domestique qui apporte une lettre à une jeune femme en robe bleue et corsage rouge, assise dans un vestibule, et c'est ce vestibule aux larges dalles, c'est la porte ouverte sur un canal planté d'arbres, c'est la petite fille en joli costume, qui se tient à la porte, un fouet en main, c'est le quai opposé avec ses maisons blanches frappées de lumière.

La *Musique,* c'est une femme qui touche une épinette, et un

MUSÉE D'AMSTERDAM.

PIETER DE HOOCH. UNE MÈRE PEIGNANT SON ENFANT.

homme, vu de dos, qui gratte une guitare, et c'est un paysage de maisons et d'une église, entrevu par la fenêtre étroite. La *Société en plein air*, c'est un homme qui fume, une femme qui presse un citron au-dessus d'un verre, une autre femme qui regarde, une troisième, au fond, qui récure une bassine, et c'est une petite maison en briques, une porte ouverte sur un jardin. Le *Cellier*, c'est une femme qui tend un pot de bière à une petite fille dans une salle dallée de rouge et de noir, et c'est une porte ouverte sur un petit salon à la fenêtre ouverte, et une autre porte ouverte sur le cellier, éclairé encore d'une petite fenêtre. Pieter de Hooch, qui aime les entrées de lumière, en a mis quatre dans ce chef-d'œuvre fait par la rencontre, les éclats, les assombrissements

PIETER DE HOOCH. *Le Cellier.*

de toutes ces lumières qui modèlent si fortement les personnages.

Gabriel Metsu (1630-1667) est fin, agréable à voir, même après Pieter de Hooch, mais il est peu représenté par le *Déjeuner,* le *Vieux Buveur,* le *Cadeau du chasseur,* la *Vieille en méditation.*

Jan Vermeer, ou Van der Meer de Delft (1632-1675), est, comme Pieter de Hooch, un grand artiste, plus singulier, plus inattendu. Sa *Liseuse,* debout en avant d'une muraille en partie couverte d'une carte géographique, lit une lettre qui lui a été probablement envoyée avec le coffre à bijoux ouvert devant elle. Sa jupe est verte, sa veste est bleue, du vert et du bleu de Van der Meer, et c'est la froideur apparente, la muraille nue, les découpages nets des meubles; mais la vie surprise et fixée ainsi est vive en tous ces objets animés par la présence de cette jeune femme, au visage si attentif, la bouche entr'ouverte, aux bras demi-nus, aux mains blanches qui tiennent fermement la lettre. Un autre tableau, la *Lettre,* est curieusement disposé, la scène vue par une porte, entre deux larges pans de muraille : une dame s'interrompt de jouer du luth, pour prendre une lettre que lui apporte une servante. La servante est souriante, la dame est inquiète et interrogatrice. La lumière, encore ici, est blanche et froide.

Je laisse Mieris le vieux, Mieris le jeune, Netscher, chez lesquels l'art hollandais se durcit et grimace. La fin de l'école est une débandade, une chute dans la puérilité de la peinture de genre ou un retour à l'italianisme. Au XVIIIe siècle, Cornélis Troost (1697-1750) est un peintre renommé, que ses compatriotes désignent comme le Hogarth hollandais. Il a au musée d'Amsterdam de nombreux tableaux : des portraits, des régents d'hospices, des corporations, une leçon d'anatomie; mais l'on ne peut que souscrire à l'opinion de Burger : « C'est curieux pour les mœurs et les costumes de la première moitié du XVIIIe siècle, mais sans valeur aucune comme art. L'esprit comique, le *wit* et l'*humour* du carica-

MUSÉE D'AMSTERDAM.

PIETER DE HOOCH. LE MESSAGER

VAN DER MEER DE DELFT. *La Lettre.*

turiste anglais n'y sont point. Ce Troost ne prendra jamais rang dans la famille de Hogarth, de Goya, de Gavarni et de Daumier. »

IX. — SALLE INTERNATIONALE.

U musée d'Amsterdam, une salle particulière a été ouverte aux écoles étrangères. C'est peu de chose au regard de la masse des tableaux de la Hollande, les œuvres contenues dans cette salle ne suffisent pas pour créer à Amsterdam un musée international, et le Musée reste, malgré tout, ce qu'il doit être, un grand musée hollandais, gloire de la Hollande. Toutefois, on peut voir là quelques œuvres de l'école flamande, quelques œuvres d'Allemagne, d'Italie, d'Espagne, de France.

Parmi les Flamands, Brueghel de Velours (1568-1625), avec des paysages et une *Adoration des Rois mages* dans un paysage d'hiver tel qu'il dut y en avoir un le jour de la naissance du Christ; Martin de Vos (1532-1603) avec la *Famille Pannys*. De Rubens, une peinture considérée comme seulement retouchée par lui : *Cimon et Pera ou l'amour filial*, la fille qui allaite son père vieux et prisonnier. La touche de Rubens ne se voit que çà et là. Elle se voit mieux dans une esquisse du *Portement de croix,* fougueuse montée au Calvaire : des soldats herculéens, une blonde Véronique, un Christ quelconque. Un portrait d'Hélène Fourment est ordinaire, pour Rubens. Le portrait d'Anne d'Autriche est de bel apparat.

De Van Dyck, une *Madeleine* à la manière de Rubens, un noir bourgmestre d'Anvers, et les portraits de deux enfants, deux fiancés, Guillaume II d'Orange, en satin rouge, et sa fiancée Marie Stuart, fille de Charles Ier, en gris argent. C'est de la période d'élégance anglaise de Van Dyck, et, dit-on, le dernier tableau qu'il ait peint. De G. de Crayer (1584-1669) une *Descente de Croix* de belle harmonie, rouge et dorée. De Jordaëns (1593-1678) une

MUSÉE D'AMSTERDAM.

VAN DER MEER LA LISEU

scène de l'Évangile, Saint-Pierre retirant le denier de la bouche du poisson, scène qui est surtout un prétexte à peindre une barque chargée de gens, d'animaux, et à peindre aussi de fortes musculatures et des costumes colorés. Téniers n'est pas très bien représenté par des vieux fumeurs, des vieux buveurs, qui sont ses philosophes en méditation.

De l'Italie, il n'y a guère à retenir qu'une Vierge, simple et joli portrait de Cima de Conegliano. De l'Espagne, l'*Annonciation* de Murillo. De l'École française, une toile de Sébastien Bourdon, qui est une imitation du Titien.

GABRIEL METSU. *La Vieille en méditation.*

MUSÉE SIX

UN ANCIEN LOGIS SUR LE HEERENGRACHT. — REMBRANDT ET JAN SIX. — NICOLAS MAËS. — RUŸSDAËL. — ALBERT CUYP. — A. VAN OSTADE. — TER BORCH. — PIETER DE HOOCH. — JAN STEEN. — METSU. — VAN DER MEER DE DELFT.

LA collection Six, sur le Heerengracht, canal paisible, quai rectiligne, dont Berck-Heÿde a fait un portrait encore ressemblant, nous offre cet intérêt passionnant que les œuvres réunies là se voient dans leur vrai milieu, un beau logis bourgeois du XVIIe siècle, que l'on parcourt chambre par chambre, depuis le vestibule du rez-de-chaussée jusqu'à la galerie du premier étage. Des tableaux sont accrochés partout, dans la salle à manger, dans le salon, et ces tableaux complètent admirablement la série, pourtant si nombreuse, du musée d'Amsterdam. Il y a ici des pièces rares et importantes.

Rembrandt, qui fut l'ami de Jan Six (1618-1700), bourgmestre d'Amsterdam, a fait de lui un portrait tout à fait délicieux, aisé, charmant, une peinture qui a une légèreté et une transparence d'ébauche, et qui est en même temps profonde d'expression, tout à fait significative. Ce portrait de Six trouve grâce devant Fromentin, qui le trouve d'une parfaite réussite alors qu'il parle de la *Ronde de nuit* comme d'une tentative. Il suffit de songer à tout ce que la disparition de la *Ronde de nuit* aurait enlevé à Rembrandt pour sentir ici l'injustice dont Fromentin est coutumier, à force d'analyses, de scrupules peut-être, et peut-être aussi parce que ce si délicat écrivain était d'abord un peintre délicat, gêné par la force

Photogr. Braun, Clément et Cie.

REMBRANDT. *Jan Six.*

de Rembrandt. Je pense toujours un peu, en lisant Fromentin, à un Wouwerman jugeant Rembrandt.

Mais que ceci ne nous empêche pas de louer ce *Portrait de Six*, vite fait, sans doute, et bien fait, c'est certain. Il est absolument beau d'harmonie avec son grand chapeau noir, ses cheveux roux, son vêtement gris, son manteau rouge à galons d'or, ses gants gris. Jan Six va sortir. Il a la figure honnête et préoccupée. Il songe aux intérêts de la ville, ou à la pièce de vers qu'il prépare, car il est poète, ou bien il regarde son peintre Rembrandt, vieilli avant l'âge. Nous sommes entre 1656 et 1660, alors que la ruine de Rembrandt est consommée. Ses meubles, ses objets ont été vendus. Il est parti habiter au Rosengracht. C'est alors qu'il fait ce portrait d'une si vive et si légère peinture.

Il y avait longtemps qu'il connaissait Six, puisqu'il a peint, en 1641, le portrait de sa mère, Anna Wymer, bonne et jolie figure ronde. La mère est en face du fils. Dans le même salon, un tout petit portrait du docteur Éphraïm Bueno, autre ami de Rembrandt, petit portrait, mais large facture. Puis une esquisse de *Joseph expliquant ses songes*, et une esquisse du portrait de Jan Six.

Des prédécesseurs de Rembrandt sont présents : Lucas de Leyde, avec un *Portrait d'homme* et un *Érasme;* Miereveld et Hals; et des élèves de Rembrandt : Govert Flinck, Eeckhout, Gérard Dou, Maës, ce dernier avec une *Femme jalouse*, assez souriante, aux aguets dans un escalier. Van den Noort a fait le portrait du Dr Tulp. D'un artiste inconnu, il y a aussi les portraits de M. et Mme Tulp. Les paysagistes : Ruÿsdaël avec un torrent, une église rouge, et surtout le *Paysage en hiver;* Albert Cuyp, avec un émouvant lever de lune sur la mer; Adrien van de Velde; Hackaert; Hobbema et les paysagistes de ville : Berck-Heÿde, Beerstraten, Van der Heyden. Paul Potter a un immense tableau d'un homme à cheval, auquel je préfère la *Laitière*, un paysage avec bestiaux.

Le *Marchand de poissons* de Van Ostade est de belle qualité, comparable à notre tableau du Louvre, et sa réunion de paysans est aussi de sa meilleure manière. Ter Borch est représenté par une *Femme écrivant*; son *Jan Six* est douteux; et l'on montre également comme de Ter Borch une « fiancée de M. Six, morte avant le mariage ». Pieter de Hooch est bien lui-même avec la *Bonne Ménagère*, une salle dallée, une vieille dame et une jeune fille occupées à mettre en ordre l'armoire à linge, un quai vu par la porte ouverte. Jan Steen est fin d'observation, comme à son habitude, avec le *Départ de la mariée*, et excellent peintre, fin et coloré, avec le *Mangeur d'huîtres*. Metsu peint délicatement une *Marchande de harengs*. De Mieris le Vieux, une *Leçon de musique*.

Nous trouvons aussi Van der Meer de Delft à la collection Six, et avec deux œuvres de haute importance. Après le portrait de Jan Six par Rembrandt, ce sont les chefs-d'œuvre de la réunion. L'un est la *Laitière*, une jeune femme aux formes solides, en jupon rouge, robe bleue, corsage jaune, une de ces réunions de couleurs que le peintre aborde et réalise avec une dextérité si paisible, si ingénue pourrait-on dire, s'il n'y avait chez lui une telle science. Elle verse du lait dans une terrine posée sur une table à tapis vert où il y a un pain dans un panier en osier; au fond, un mur qui est un merveilleux fond de lumière sur lequel jouent toutes les couleurs du costume et de la table, et la blancheur du lait.

L'autre tableau est la révélation de Van der Meer paysagiste de ville. C'est la *Façade de maison hollandaise*, maison de briques, rez-de-chaussée crépi de blanc, pignon découpé, volet rouge, fenêtres à petits carreaux, porte ouverte sur la maison, autre porte ouverte sur une cour, un peu de verdure sur un mur, solide construction, harmonie rouge et sombre en avant d'un ciel nuageux. Une vieille femme coud, assise à la porte. On aperçoit une autre femme dans la cour. Deux enfants jouent auprès d'un banc, sur le pavé. C'est une très belle œuvre, qui ne ressemble pas à d'autres, de sujets semblables. Ce peintre d'intérieurs est aussi un merveilleux portraitiste des visages de pierres et de briques. Il apporte à la représentation des choses un sentiment particulier. Plus peut-être que les autres paysagistes de son pays, il exprime la fraîcheur des colorations, l'humidité du plein air, la lumière vive qu'il fait étinceler çà et là aux arêtes des pierres. Il est véridique et délicat entre tous.

Photogr. Braun, Clément et Cie.

VAN DER MEER DE DELFT. *Façade de maison hollandaise.*

CÉSAR VAN EVERDINGEN. *Réunion de Gardes civiques.*

ALKMAAR

MUSÉE MUNICIPAL

LES ANCIENNES MAISONS. — LE POIDS PUBLIC. — LE MARCHÉ AUX FROMAGES. — LE MUSÉE. — CÉSAR VAN EVERDINGEN.

I vous voulez voir un beau tableau hollandais, allez à Alkmaar. D'abord, ce n'est pas un tableau, mais des tableaux par centaines que vous verrez au long de la route, que vous veniez d'Amsterdam par eau ou par chemin de fer : des villages, des canaux, des maisons, des prairies, des bestiaux. Vous découvrirez des aspects que les peintres anciens du pays n'ont guère traités, des paysages simples faits d'une ligne de terre, de quelque détail tel qu'un arbre, un toit, un bateau

à demi-caché par une rive, et d'un immense ciel où se joue la lumière parmi les nuées. Les peintres de la Hollande ont vu le grand ciel, mais la plupart ont ajouté au sol un intérêt, et ils ont choisi la rivière, la route, le village, la ville, ou les abords de ville, animés par l'existence humaine. Presque toujours leur paysage est social, ne se présente pas avec sa seule beauté de nature, que des artistes tels que Van Goyen et Ruÿsdaël étaient si bien faits pour comprendre.

Donc, on voit de ces paysages nus en allant à Alkmaar. On suit la Zaan, on passe à Zaandam, à Koog, à Castricum, à Heilo, on entre à Alkmaar, qui est une petite ville exquise d'arrangement et de couleur. Les maisons au bord des canaux, les maisons qui bordent les rues étroites, ont des apparences de jouets et de gâteaux, toutes petites, toutes découpées, toutes peintes, munies d'une boutique où il semble que ne puissent entrer que des enfants accompagnés de leurs poupées. Mais il y a aussi à Alkmaar une vieille église de la fin du XVe siècle, et le si joli monument du Poids public, de la fin du XVIe siècle, blanc et rose, de pierres et briques mêlées, le fronton découpé, orné de statues, d'armoiries, surmonté d'un clocheton ajouré. C'est sur la place du Poids public qu'a lieu, tous les vendredis, le marché aux fromages, auquel prennent part les paysans de la Hollande du Nord, venus en voitures, en bateaux, pour apporter ou remporter la marchandise, les boules rouges ou d'un jaune doré. Acheteurs et vendeurs sont vêtus de noir, comme les portraits des bourgeois du XVIIe siècle que l'on voit dans les musées. Les porteurs attachés au Poids public sont vêtus de blanc, avec un chapeau et un foulard rouges, ou bleus, ou verts, chaque couleur correspondant à l'une des balances officielles. C'est le tableau d'Alkmaar. Il n'en est pas de plus pittoresque, lorsque les fromages rouges et dorés sont lancés de main en main, à travers la place, jusqu'au Poids, puis reviennent vers l'acheteur.

Il y a une grande et large rue à Alkmaar, c'est la Langestraat, dans laquelle s'élève l'Hôtel de ville, de style gothique, bâti en 1507, très charmant avec son léger beffroi, son double escalier gardé par des lions. Il renferme le musée d'Alkmaar. On y trouvera quelques peintures de Honthorst, Ravesteyn, P. de Grebber. Le nom inté-

PEINTRE INCONNU. *Le Poids public d'Alkmaar.*

ressant est ici celui de César van Everdingen qui vivait au XVIIe siècle, et qui fut le frère puîné d'Aldert ou Allart van Everdingen, le paysagiste. L'aîné, qui était « peintre d'histoire », devina la vocation spéciale du jeune, et l'envoya à Utrecht, chez Roland Savery. Les Everdingen étaient d'Alkmaar. Mais il n'y a ici aucune œuvre d'Aldert. César, lui, est représenté par un *Lycurgue,* le portrait d'un amiral, des régents, des réunions de Gardes civiques, la vieille et la jeune Garde, qui sont des groupements disposés à la manière usitée, chaque personnage en valeur, bons portraits individuels, fières expressions, attitudes importantes.

Il y a aussi, de peintres inconnus, des vues d'Alkmaar assiégé par les Espagnols, et une vue du Poids public, avec le monument blanc et rose, les maisons aux pignons découpés, les amoncellements de fromages, les acheteurs et les vendeurs noirs, les porteurs blancs.

PEINTRE INCONNU. *Vue d'Alkmaar.*

MUSÉE DE HAARLEM.

FRANS HALS.

REPAS DES OFFICIERS DES ARCHERS DE SAINT-ADRIEN.

GERRIT BERCK-HEYDE. *L'Hôtel de ville de Haarlem.*

HAARLEM

MUSÉE MUNICIPAL

I. — FRANS HALS.

FRANS HALS règne à Haarlem, dans le Musée abrité par le joli Hôtel de ville, sur cette place du Grand-Marché, où sont aussi l'ancienne Boucherie, en pierres et en briques, le plus beau monument de la Renaissance en Hollande, et la grande église de Saint-Bavon. Frans Hals, en effet, a ici sa plus grande et sa plus importante réunion de peintures : les repas, les réunions d'officiers, les régents et les régentes d'hôpitaux. Il peut avoir ailleurs des portraits isolés plus particuliers, plus serrés, plus profonds. A Haarlem, il a été le peintre civique, mêlé à l'existence générale, et il peut montrer toutes ses qualités d'observation, de verve, d'harmonie.

Il n'y a pas de biographie exacte de Hals. Les uns le font naître à Anvers, les autres à Malines, les uns en 1580, les autres en 1581, d'autres encore en 1584. Ce qui est admis, c'est qu'il est d'origine flamande, et même de graves historiens l'ont exclu, pour ce motif, de l'histoire de l'art hollandais. C'est prendre les choses trop à la lettre. Frans Hals était de famille hollandaise, et en retournant à Haarlem, où il se fixa pour toute sa vie, il retournait chez lui. C'est à peu près tout ce que l'on sait de lui. La légende l'a défiguré, comme elle a défiguré Jan Steen. On l'a dit ivrogne, violent, battant sa femme, dépensier, misérable, mourant à l'hôpital. Il mourut à l'hôpital, en effet, parce qu'il était vieux (il mourut en 1666) et parce que ses concitoyens n'estimaient pas sa peinture à son juste prix, pas plus qu'ils n'estimaient la peinture de Rembrandt et de Ruÿsdaël. On sait aussi qu'il a fait le portrait de Descartes (ce portrait est au Louvre) et que ce portrait est beau, ce qui est à l'honneur de Hals, peintre digne du philosophe.

Si nous ne savons pas grand'chose de l'existence d'homme de Hals, nous savons son existence de peintre, avec toutes ses dates, toutes ses étapes. Ces étapes sont marquées au musée de Haarlem.

Le premier tableau est de 1616. C'est le *Repas de douze officiers des Archers de Saint Georges*. Ils sont assis autour d'une table servie. Tous sont vêtus de noir, leurs costumes barrés d'écharpes rouges et blanches. Il y a, avec les officiers, un porte-étendard, en pourpoint vert, portant sa bannière blanche et jaune, un autre, en pourpoint marron, un autre, en pourpoint noir à

MUSÉE DE HAARLEM.

RANS HALS — RÉUNION DES OFFICIERS DES ARCHERS DE SAINT-ADRIEN.

FRANS HALS. *Les Régents de l'hospice des Vieillards.*

manches de satin blanc. Les convives mangent un poulet aux olives. Ils commencent à être satisfaits, ils ont bien bu, ils sont réjouis, heureux, et si Hals n'a pas ordonné sa composition, s'il a placé tous ces personnages les uns auprès des autres, sans se soucier de l'ensemble, du moins, il se montre déjà portraitiste par le relief des visages, tel béant et allumé, tel autre solide et calme.

Le tableau suivant, qui est encore un *Repas des officiers de Saint Georges,* a été peint en 1627. Hals est plus aisé, joue avec les couleurs des écharpes oranges, blanches, bleues, des grands chapeaux noirs. Un porte-étendard renverse son verre vide. Un officier presse un citron sur des huîtres. La touche est grasse et vive, l'atmosphère grise.

Le *Repas des officiers du corps des Archers de Saint Adrien* est de la même année 1627. Il y a plus de clarté, l'atmosphère est rousse et dorée. Ce sont encore des collerettes, des nœuds, des écharpes, des grands verres. Les officiers causent et boivent. L'un d'eux découpe un morceau de viande. Une fenêtre laisse voir la verdure d'un jardin. La composition est dispersée dans la lumière, les têtes s'étagent, le tableau n'a pas d'équilibre.

La *Réunion des officiers du corps de Saint Adrien* est de 1633. Dans cette série d'œuvres de Hals, c'est le chef-d'œuvre. La scène se passe au dehors, bien que les portraits paraissent exécutés à l'atelier. On aperçoit des toits rouges, des arbres sombres. Le colonel Johan Claasz Loo, assis de face, est un grison à tête sérieuse. Un autre vieux le regarde. Un jeune homme porte un étendard roulé. Un officier, en chapeau à plumes, en surtout de drap jaune, une écharpe bleue en sautoir, tient une hallebarde. Le lieutenant, nu-tête, le poing sur la hanche, est appuyé à une table, entre deux sergents, l'un qui lui parle en tenant une plume, l'autre qui écoute en feuilletant un livre. Hals n'avait pas encore peint des physionomies si expressives, des groupements aussi bien composés. Il y a deux groupements, à deux plans différents, l'un autour du colonel, l'autre autour du lieutenant, et tous deux se réunissent en un tableau solide. Ce tableau est de 1633, un an après la *Leçon d'anatomie* de Rembrandt. Hals tient encore sa place à ce moment en regard du maître qui va devenir si profond, si puissant. Il est, en tous cas, très différent, par l'enjouement, par la légèreté heureuse, par la science brillante, du Rembrandt d'alors et de tous ceux qui exécutent des sujets analogues. Il donne un mouvement de jeunesse, une vivacité spirituelle à ces assemblées, qui sont souvent lourdement traitées. Il donne une valeur propre à chaque chose, à

MUSÉE DE HAARLEM.

FRANS HALS. LES RÉGENTS DE L'HÔPITAL SAINTE-ELISABETH.

chaque physionomie, à chaque étoffe, à chaque détail du costume. Il est coloriste avec une abondance singulière, s'amusant des difficultés qu'il résout avec bonne grâce, sans que jamais l'embarras et la fatigue se montrent.

FRANS HALS *(copie)*. *Son portrait.*

La *Réunion des officiers et sous-officiers du corps des Archers de Saint-Georges,* de 1639, n'égale pas la Réunion précédente, de 1633. La forme veut être plus forte, mais elle est plus ronde, avec uniformité, les personnages du second plan de même importance que ceux du premier plan. C'est aussi une réunion dans un jardin.

Mais quelle revanche il prend ! et quelle évolution il fait connaître, avec les *Cinq Régents de l'hôpital Sainte-Élisabeth* ! Ces cinq hommes, coiffés de grands chapeaux noirs, tout de noir vêtus, avec de grandes collerettes et des poignets à dentelles, ont là des portraits voulus, caractéristiques, empreints de tout le sérieux de leur fonction et de leurs préoccupations. On a souvent comparé ces *Régents* de Hals aux *Syndics* de Rembrandt, mais le tableau de Hals est de 1641, et le tableau de Rembrandt est de 1661. Ce serait donc ici Rembrandt l'héritier de Hals, mais il est l'héritier de tous ceux qui l'ont précédé : ce qu'il apportait avec lui, c'était son don exceptionnel, sa vision de la vie, sa puissance de peintre. Hals n'a pas cette puissance, même dans les *Régents,* et toujours il y aura chez lui de l'anecdote et du pittoresque. Mais il n'y a pas à le comparer; c'est un artiste de haute volée, infiniment varié, et le peintre qui a peint ces Régents noirs, après tant d'officiers multicolores, donne la preuve de sa conscience et de son intelligence.

Les deux dernières grandes toiles sont les œuvres de la vieillesse de Frans Hals. Il y a sur elles comme un voile funèbre. Mais à travers ce voile, on aperçoit, toujours présente, l'intelligence du vieux peintre. Nous sommes en 1664. Hals a quatre-vingts ans, peut-être davantage, si la date de sa naissance est 1580 ou 1581. Il pourrait dire à peu près comme le grand artiste japonais Hokusaï : « Depuis l'âge de six ans, j'avais la manie de dessiner les formes des objets. Vers l'âge de cinquante ans, j'ai publié une infinité de dessins, mais je suis mécontent de tout ce que j'ai produit avant soixante-dix ans. C'est à l'âge de soixante-treize ans que j'ai compris à peu près la forme des oiseaux, des poissons.... A l'âge de cent dix ans, tout ce qui sortira de mon pinceau, soit un point, soit une ligne, sera vivant. » Chez Hals, on voit que la main n'obéit plus toujours, il y a des formes lâchées, des endroits vides, d'autres trop chargés, mais l'esprit est toujours présent, et souvent encore il sait commander à la main défaillante. Rien de plus émouvant.

Dans le tableau des *Cinq Régents de l'hospice des vieillards,* voyez le vieux qui tient la main sur le livre relié en parchemin, aux tranches rouges, et celui qui est au milieu, une main sur la hanche, l'autre appuyée sur son cœur, et le jeune, ganté, dont on aperçoit le bas rouge, au-dessus de la jarretière de dentelles, — ils sont tous trois infiniment caractérisés, et Hals n'a point de physionomies plus explicites.

Le tableau des *Quatre Régentes de l'hospice des vieillards,* de la même date, est plus beau encore. C'est même, au point de vue de l'expression, le plus beau des tableaux de Hals. Nous voyons là quatre vieilles femmes, avec une servante. Une des régentes et la

MUSÉE DE HAARLEM.

FRANS HALS. LES RÉGENTES DE L'HOSPICE DES VIEILLARDS.

servante sont debout. Les trois autres femmes sont assises. Le tableau est très noir, comme celui des *Cinq Régents,* avec le blanc des bonnets, des cols, qui éclate fortement, un blanc toutefois un peu bleui çà et là, aux cols un peu transparents sur les robes sombres. Il y a aussi du rouge, non seulement le rouge du gros livre relié en parchemin, mais le rouge des pommettes de ces vieilles femmes, qui semblent avoir fardé leurs joues blêmes pour se faire peindre. Leurs mains sont maigres, grises, presque noires, et ces vieilles mains de squelettes sont ornées de bagues. Un tableau à peine visible est accroché au mur sombre. Partout, l'assombrissement de la vieillesse. Le peintre tâtonne pour peindre ces dames vénérables et macabres, ces Parques à bonnets de dentelles et à collerettes empesées, mais s'il révèle de la fatigue et de la lourdeur, il n'y a pourtant pas chez lui déchéance, puisqu'il sait toujours voir et exprimer.

Il y a ici d'autres œuvres de Hals. Son portrait par lui-même est une copie, mais il a peint les bons portraits de Nicolas van der Meer, bourgmestre de Haarlem, et de sa femme Cornelia.

II. — SCHOOREL. — CORNELISZ VAN HAARLEM. — LASTMAN. — VERSPRONCK. — AERT VAN DER NEER. — JAN DE BRAY. — TER BORCH. — MOLENAER. — ALDERT VAN EVERDINGEN. — ADRIEN VAN DE VELDE. — BERCK-HEYDE. — BROUWER.

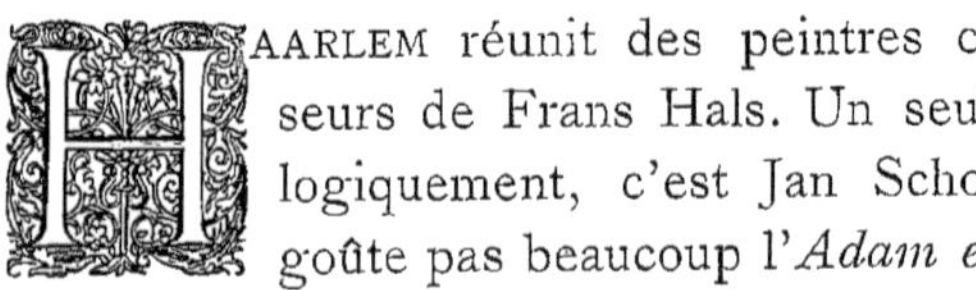

HAARLEM réunit des peintres contemporains ou successeurs de Frans Hals. Un seul vient avant lui, chronologiquement, c'est Jan Schoorel (1495-1542). Je ne goûte pas beaucoup l'*Adam et Ève,* c'est une peinture correcte, froide et molle, de goût italien. Il en est de même du *Baptême du Christ.* L'intérêt est plus vif avec la *Confrérie de la*

Terre Sainte, où Schoorel s'est représenté, avec son titre de chanoine à Utrecht. Cornelis Cornelisz van Haarlem (1562-1638) a peint, lui, un tableau très hollandais, un vigoureux repas d'archers aux visages hauts en couleur, réunis autour d'une table chargée de pots d'étain.

Ce n'est pas un bon tableau que la *Nuit de Noël,* de Lastman (1583-1633), mais Lastman a été le maître de Rembrandt, et l'on peut chercher à démêler, ici, dans la disposition des personnages, quelque chose qui annonce le maître d'Amsterdam. Il y a bien, en effet, une sorte de commencement de Rembrandt, mais c'est un commencement bien mièvre, et les figures sont bien vulgaires et l'effet bien théâtral.

LASTMAN. *La Nuit de Noël.*

Avec Jan Verspronck (1597-1662), nous retrouvons un tableau de groupe, les *Quatre Régentes de la maison du Saint-Esprit*, faisant leurs comptes. Sur la table, un encrier d'étain, un livre à tranches rouges, un sac d'argent. Une servante introduit deux enfants pauvres, et l'une des régentes fait un geste de bon accueil. Les figures sont lourdes, mais avec des nuances de caractères comme en trouvaient ces portraitistes si appliqués. De

HAARLEM

CORNELIS CORNELISZ DE HAARLEM. REPAS D'ARCHERS.

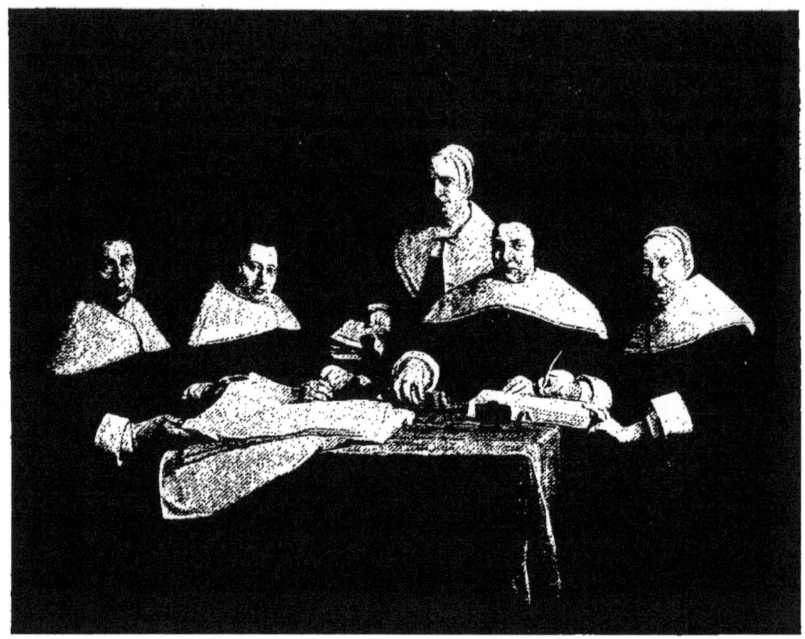

JAN DE BRAY. *Les Régentes de l'hospice des Enfants pauvres.*

même, Jacob van Loo (1614-1670), avec les *Quatre Régentes du dépôt de Mendicité*, de belle qualité atmosphérique, marque bien les traits de ces quatre femmes : la soupçonneuse, la réjouie, la sérieuse, la placide. Jan de Bray est un de ces maîtres de Hollande dont il est à peine question dans les livres; il est même habituellement passé sous silence. On ne sait où il est né, ni à quelle époque; on dit qu'il est mort en 1697. Ce qu'il y a de certain, c'est que les *Cinq Régents de l'hospice des Enfants pauvres* sont scrupuleusement étudiés et savamment rassemblés, que leurs rabats blancs et leurs physionomies pâles ou sanguines s'harmonisent admirablement avec leurs grands chapeaux pointus, leurs manteaux noirs et le tapis oriental de la table. Les *Quatre Régentes de l'hospice des Enfants pauvres*, réunies autour d'un tapis rouge à franges d'or, font leurs comptes, empilent des pièces d'argent, mesurent de la toile, pendant qu'une servante apporte un livre. Ce sont de fortes commères, rebondies, tranquilles et maternelles, et Jan de Bray prouve avec elles la variété de son talent, la sûreté de son observation.

Van der Neer (1603-1677) nous offre l'intermède d'un beau paysage : une *Scène de Patinage,* un grand ciel hostile, des moulins, des maisons, un large fleuve ou un étang glacé, une lueur à l'horizon qui se reflète sur les choses et les gens, des bonshommes enveloppés de manteaux, qui courent sur la glace, d'autres, tout recroquevillés, qui causent, qui cachent leurs mains sous leurs vestes. Il fait vraiment froid, tout est dur, sec, métallique.

TER BORCH. *La Famille Colenbergh.*

Avec Gérard Ter Borch (1617-1681), nous retrouvons un fin physionomiste, et c'est vraiment une de ses œuvres les plus curieuses que

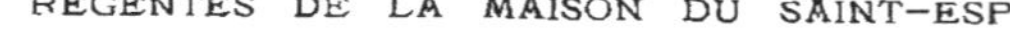

JOANNES VERSPRONCK. QUATRE RÉGENTES DE LA MAISON DU SAINT-ESPRIT.

MOLENAER. *Noce flamande.*

cette *Famille Colenbergh :* le gros père au lourd visage, sérieux et bon, coiffé d'un large chapeau; la mère, ancienne belle brune aux gros traits, qui tend une montre à son fils; celui-ci gentil, frêle, blond, vêtu en jeune gentilhomme, orné de rubans, de glands, de longues manchettes, couvert d'un manteau du bon faiseur.

Molenaer (1610-1668) nous régale d'une *Noce flamande*, où la mariée et son cortège, joueur de cornemuse en tête, arrivent auprès d'une maisonnette qui est vraisemblablement une auberge. Des enfants acclament la mariée, un autre profite de la joie générale pour fouiller dans la bourse d'un gros bonhomme assis sur un banc. Le tableau est animé, mais sans excès, ce n'est pas la finaude et forte observation des vrais comiques, tels que Steen et Van Ostade.

Aldert (ou Allart) van Everdingen (1621-1675) nous donne à

voir Haarlem au temps où la campagne était emplie d'une eau tumultueuse. La ville apparaît au fond, avec ses maisons, ses moulins, ses flèches; de nombreuses barques courent sous le vent, la voile inclinée; le mouvement des flots est visible sous une large coulée de lumière. Adrien van de Velde (1635-1672) peint un paysage de terre aux environs de Haarlem, des champs divisés, des mamelonnements d'arbres, une route qui tourne. C'est un artiste sensitif qu'Adrien van de Velde, et il ne lui faut pas plus de choses pour nous faire goûter, à nous aussi, le charme de la plaine cultivée, de l'étendue lumineuse.

Gerrit Berck-Heÿde est un paysagiste de villes, monuments, églises, maisons, places publiques, canaux. Il était né à Haarlem, et c'est donc ici le lieu indiqué pour honorer son talent, car il fut un portraitiste fidèle de sa ville natale. Il ne passa pas toute sa vie à Haarlem. En compagnie de son frère aîné, Job Berck-Heÿde, il s'établit et travailla à Cologne et à Heidelberg. Mais il revint à Haarlem, où il resta jusqu'à sa fin, survenue en 1693. Son frère Job mourut noyé dans un canal, en 1698. Il y a, de Job, au musée de Haarlem, un *Atelier de peintre* où l'on croit voir les portraits de Hals, Wouwerman, et des Berck-Heÿde, autour d'un modèle debout sur une table. C'est un joli tableau, et l'aîné des Berck-Heÿde a le talent plus précieux que son frère Gerrit.

A. VAN EVERDINGEN. *Vue de Haarlem.*

JAN DE BRAY. CINQ RÉGENTS DE L'HOSPICE DES ENFANTS PAUVRES.

GERRIT BERCK-HEŸDE. *Le Marché aux poissons.*

Celui-ci, toutefois, est bien plaisant à Haarlem avec l'*Hôtel de ville* et la place du Marché. Le monument est encore tel aujourd'hui, de pierres et de briques, blanc crémeux et rose, petit monument délicat, qui ne charge point la petite ville, qui tient juste la place qu'il faut, comme un meuble de prix. Le beffroi est minuscule. Le portique en avant a son balcon soutenu par des colonnes basses. Ces proportions sont bien visibles sur le tableau de Gerrit-Berck-Heÿde. Le peintre a représenté les entours de la maison de ville, des pignons dentelés, des façades chargées d'enseignes et, sur la place, de nombreux personnages, des bourgeois à grands chapeaux, à manteaux noirs, à rabats blancs, qui passent ou qui stationnent, causant de leurs affaires. La journée est belle, le soleil découpe sur le sol les grandes ombres des maisons et des personnages.

Voulez-vous revoir la même place, sous un autre aspect. Berck-Heÿde a peint le *Marché aux poissons*, tel qu'il est encore, tel que je viens de le voir à Haarlem, marché couvert à l'ombre de l'église. Les bourgeois de tout à l'heure marchandent, debout devant l'étal, d'autres auprès des paniers. Un homme passe avec une hotte. Une femme s'en va avec une petite fille. Un chien flaire le pavé. C'est encore ainsi, sauf la différence des costumes. Au fond, on aperçoit l'Hôtel de ville avec son clocheton, le haut de sa façade ornée.

Pendant que je suis hors du musée, je continue ma promenade, et regrette que Berck-Heÿde, ou un autre des peintres de la ville, n'ait pas laissé un portrait animé du délicieux édifice de la Boucherie. C'était, en effet, autrefois, la Boucherie publique, et le monument fait voir une frise de têtes de bœufs et de moutons. Aujourd'hui, c'est l'Hôtel des ventes, mais c'est surtout le plus joli monument du XVIIe siècle hollandais, c'est surtout la plus jolie parure de Haarlem, par l'effet coloré de la brique et de la pierre, par la diversité des lignes, des reliefs, des creux, des ornements sculptés. On ne se lasse pas de faire le tour de cette Boucherie si finement fleurie, d'une harmonie si simple et si délicate. Il y a encore, à Haarlem, l'église immense de Saint-Bavon, construite à la fin du XVe siècle, que l'on voit en partie sur le tableau de Berck-Heÿde. Et une vieille porte qui fait souvenir du terrible siège de 1572, de la résistance aux Espagnols, de la cruauté de ceux-ci, se vengeant de six mois d'attente et de combats, en massacrant la

S. ROMBOUT. *Atelier de tisserand.*

MUSÉE DE HAARLEM.

AERNOUT VAN DER NEER. PATINAGE.

garnison, en exécutant plus de mille bourgeois, par la hache, la corde, le garrot, la noyade. Il reste aussi infiniment de maisons peintes, des rues toutes bariolées des couleurs des châles indiens, des couleurs des tulipes, qui témoignent très probablement du goût des Hollandais

ADRIEN BROUWER. *Intérieur d'auberge.*

pour les champs de fleurs et de leurs navigations vers l'Orient.

Il serait fâcheux que cette tradition des peintres d'architectures ne fût pas continuée par les artistes néerlandais d'aujourd'hui. Le décor est resté le même. Il n'y a plus, il est vrai, de bourgeois à manteaux noirs, à grands chapeaux, à collerettes blanches, et tout le monde s'habille ici comme dans les autres pays d'Europe. Mais il importe peu, l'accord peut être trouvé entre nos costumes et l'aspect d'une ville telle que Haarlem, puisque cet accord existe en fait. Il est probable que les Berck-Heÿde ne seraient pas embarrassés par cette difficulté.

Mais il me faut rentrer au Musée, bien que j'en aie dit maintenant les œuvres principales. Il y a un Jan Steen à voir : *Réunion de paysans;* des réunions d'officiers, de Soutman, de Grebber; un *Atelier de tisserand*, de Salomon Rombout, l'homme occupé au métier pendant que la femme file au rouet. Je trouve, en dehors de l'école hollandaise, un tableau d'Adrien Brouwer : *Intérieur d'auberge.* C'est une œuvre assez jolie au premier aspect, puis un peu creuse au second examen. Brouwer est d'habitude plus fort, plus condensé. Ici, l'élève de Frans Hals n'a pris que la manière rapide de son maître, — ou plutôt la manière qui semble rapide, et qui résume tant d'études et de savoir.

A. VAN DE VELDE. *Environs de Haarlem.*

MUSÉE DE LEYDE.

CORNELIS ENGELBRECHTSZ. LE CHRIST EN CROIX.

LEYDE

MUSÉE MUNICIPAL

Pour aller de Haarlem à la Haye, on passe par Leyde, grosse ville un peu vidée de ses habitants, glorieuse ville qui résista victorieusement aux Espagnols, ville lettrée, fière de son université de 1575, ville d'artistes, patrie de Lucas de Leyde, de Jan Steen, de Swanenburg, de Van Schooten, de Gérard Dou, de Van Goyen, de Metsu, des Mieris, — de Rembrandt. On montre l'endroit où devait se trouver la maison où naquit le grand homme, tout près du Rhin, — Rembrandt van Rÿn.

LUCAS DE LEYDE. *Le Jugement dernier.*

Rembrandt n'est pas présent au musée de sa ville natale. Il y a, au Musée municipal, deux triptyques de Cornelis Engelbrechtsz (1468-1533). Le premier montre le *Christ en Croix*, entre le *Sacrifice d'Abraham* et le *Serpent d'airain*. Le second est une *Déposition de Croix* entre un *Donateur* et une *Donatrice*. Les crucifiés sont grimaçants et convulsés, les femmes sont élégantes de costumes et maniérées d'attitudes, les portraits et les paysages ont une valeur d'observation. De Lucas de Leyde (1494-1533) un triptyque du *Jugement dernier*, de l'*Enfer* et du *Paradis*, un des rares tableaux de nus de l'école, œuvre sèche et délicate. Le Musée renferme aussi des portraits de Jan de Baen, Ferdinand Bol, des Steen sur lesquels il y a quelque doute, et une série d'œuvres locales, de Swanenburg, qui avait reçu, des magistrats de Leyde, la commande de panneaux représentant les diverses phases de la fabrication des étoffes, pelage et séchage des peaux de moutons, filage, dévidage, tissage de la laine, etc.

SWANENBURG. *Le Pelage des peaux de moutons.*

PAUL POTTER. *La Vache qui se mire.*

LA HAYE

MUSÉE ROYAL (MAURITSHUIS)

I. — LA HAYE. — LE VŸVER. — LE BINNENHOF. — SCHEVENINGUE. — ANTHONIE MOR. — MIEREVELT. — FRANS HALS. — TH. DE KEYSER.

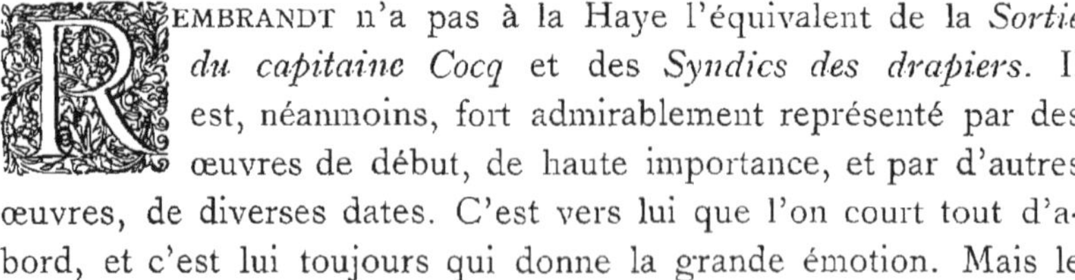

REMBRANDT n'a pas à la Haye l'équivalent de la *Sortie du capitaine Cocq* et des *Syndics des drapiers*. Il est, néanmoins, fort admirablement représenté par des œuvres de début, de haute importance, et par d'autres œuvres, de diverses dates. C'est vers lui que l'on court tout d'abord, et c'est lui toujours qui donne la grande émotion. Mais le

Musée royal de la Haye est riche en œuvres, et il faut, ici comme à Amsterdam, suivre à peu près l'ordre chronologique pour compléter l'idée que l'on a commencé à se faire de l'évolution de l'école hollandaise.

L'impression ressentie à la Haye est toute particulière. Après Amsterdam, Haarlem, Leyde, et les autres petites villes que l'on a vues, c'est un changement complet, et il semble, aux premiers pas, que l'on ait quitté la Hollande. De grandes places, de larges voies, l'eau immobile du Vÿver où se mire le sombre Binnenhof. Fromentin a fait de ce paysage d'eau et de pierres du Vÿver une description si finement ressentie, si nerveusement exacte, que l'on revoit les choses telles qu'il les a fixées. Rien n'y manque. Voici même, dans les ténèbres du soir, les deux cygnes qu'il a vus voguer sur l'étang, et qui me font songer à l'allégorie d'Asselyn, conservée à Amsterdam, sur la vigilance de Jan de Witt. C'est, en effet, au Binnenhof que Cornelisz et Jan de Witt ont été massacrés, déchirés en morceaux par la populace. Il faut lire ce récit chez les historiens de la Hollande : il n'en est pas de plus tragique. C'est aussi au Binnenhof qu'avait

A. Mor. *Un Orfèvre.*

HILLEGAERT LE VIEUX. *Les Princes d'Orange et leur suite.*

été arrêté, en 1618, le pensionnaire de Hollande, Oldenbarnevelt, et c'est là encore qu'il fut décapité en 1619. Ces anciens événements restent la grande impression de la Haye, aujourd'hui belle et paisible ville, qui a, dans ces parages du Vÿver, une physionomie silencieuse, grave, que l'on ne peut oublier, même après avoir parcouru les quartiers commerçants et animés de la ville, même après avoir fait la promenade de Scheveningue où la longue plage, les dunes, le ciel de pluie, évoquent si impérieusement le souvenir de Ruÿsdaël.

Il faut entrer au Musée royal, au Mauritshuis (maison de Maurice) pour échapper à l'impression première de la Haye. La vie conservée par l'art a raison de tous les souvenirs funèbres empreints aux vieilles pierres. Qui donc a dit que les musées étaient des asiles de mort? Voici, au contraire, que tout s'anime d'une vie charmante, que nous recommençons les heures disparues. Les regards des portraits se croisent avec les nôtres. L'impression fugitive de la saison et de l'heure ressuscite devant nous avec un paysage. Le musée devient alors un asile, c'est vrai, un cher asile où l'on trouve le repos, la douceur, le résumé charmant et sérieux de l'existence, et les pensées éternelles qui hantent l'homme devant sa destinée.

Avant Rembrandt, il y a ici Jacob Cornelisz van Oostsanen, ou Jacob d'Amsterdam, qui vivait à la fin du XVe siècle. On lui attribue le *Triptyque du roi Salomon*, chargé et théâtral, et la *Salomé*, théâtrale aussi, portant la tête de saint Jean. Cornelisz Cornelissen van Haarlem montre un *Massacre des Innocents*, très redondant, musclé à l'Italienne. C'est la Hollande voyageuse, éprise de modèles qu'elle imite mal, qu'elle ne pouvait que mal imiter. Ce n'est pas encore la vraie Hollande. Celle-ci se montre pourtant déjà avec un artiste antérieur à ces italianisants. Anthonie Mor a appris son

FRANS HALS. *Aletta Hanemans.*

MUSÉE DE LA HAYE.

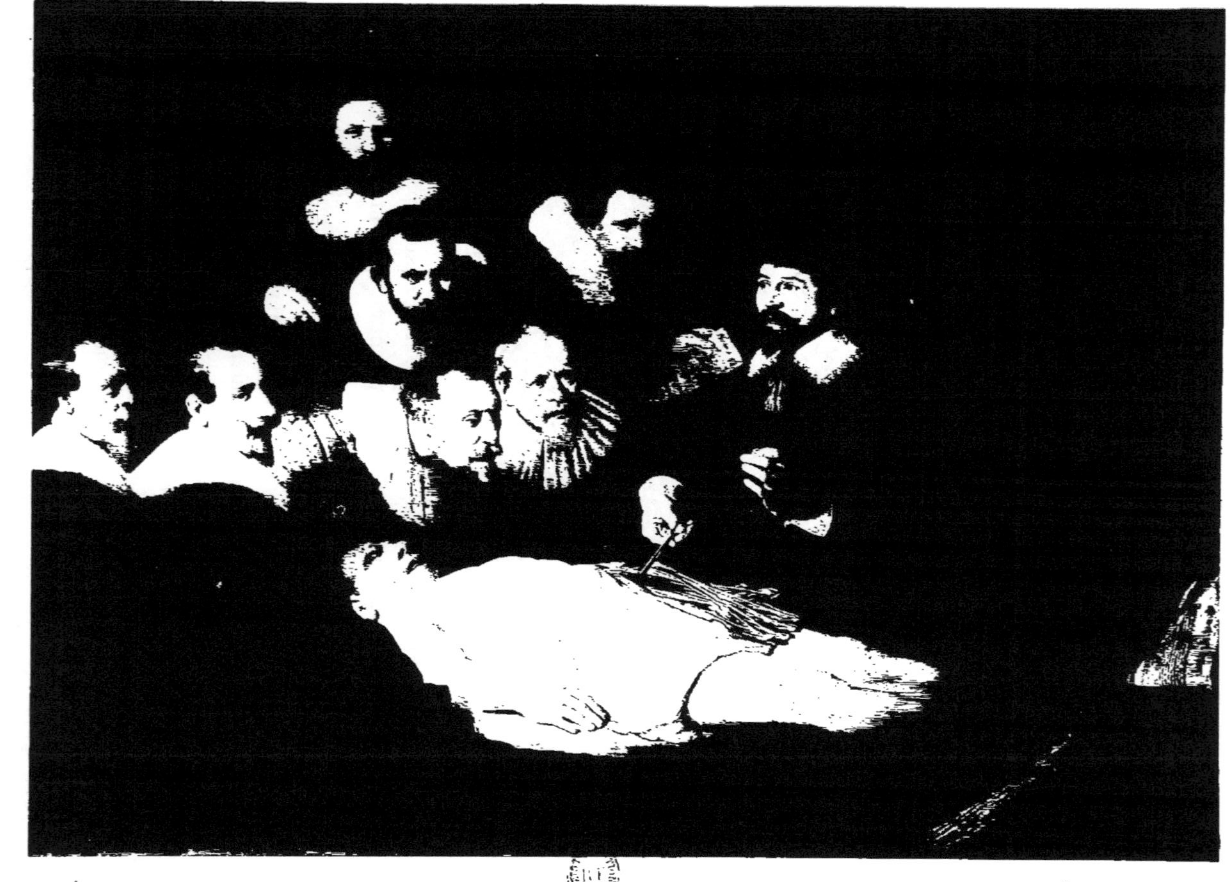

REMBRANDT. LA LEÇON D'ANATOMIE.

TH. DE KEYSER. *Un Savant.*

art devant les œuvres du Titien, en Espagne, mais il a gardé sa personnalité. Son *Orfèvre* est d'un artiste souple et fort, qui regarde directement la nature : il a vu ici un sérieux visage, un geste calme, une belle harmonie du pourpoint noir à manches rouges.

David Vinckboons (1578-1629) peint une *Kermesse*, flamande de toutes manières. Hillegiert le Vieux (1595-1640) fait défiler, au bord du Vyver, le cortège des *Princes d'Orange*.

De Mierevelt, cinq portraits d'hommes, parmi lesquels celui de Guillaume le Taciturne, peint d'après une gravure de Visscher, comme celui d'Amsterdam De Moreelse, le portrait par lui-même est douteux. Deux beaux Frans Hals : le portrait de Jacob Olycan, et surtout le portrait de la femme d'Olycan, Aletta Hanemans, au corsage brodé d'or, à la coiffe dentelée, jeune femme à la taille épaisse, raide et gênée dans son beau costume noir, rose et jaune. De Ravesteyn, des portraits de princesses et de capitaines. De Thomas de Keyser, deux œuvres vraiment belles : le *Portrait d'un savant*, assis, le chapeau sur la tête, engoncé dans son épaisse collerette, l'air assuré et tranquille, et les *Bourgmestres d'Amsterdam attendant l'arrivée de*

TH. DE KEYSER. *Les Bourgmestres d'Amsterdam attendant Marie de Médicis.*

Marie de Médicis en 1638 : on leur annonce la reine, et leurs physionomies sont infiniment expressives de force bourgeoise, de dignité civique. Toute la fierté de la Hollande libre est ici marquée avec infiniment de noblesse.

II. — REMBRANDT.

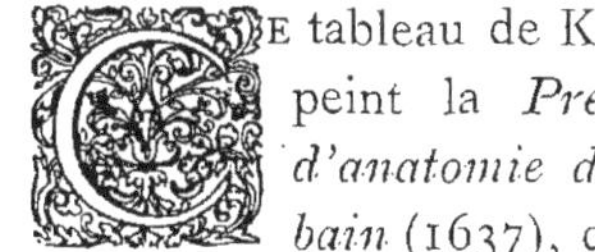

CE tableau de Keyser est de 1638, mais Rembrandt a déjà peint la *Présentation au Temple* (1631), la *Leçon d'anatomie du professeur Tulp* (1638), *Suzanne au bain* (1637), qui sont au musée de la Haye.

La *Présentation au Temple*, voilà un tableau inattendu de Rem-

REMBRANDT. *La Présentation au Temple.*

brandt, âgé de vingt-cinq ans. Le jour vient dans le temple par une ouverture qu'on ne voit pas, la lumière éclaire en plein le groupe central : la face de Siméon, son manteau doré ; l'enfant Jésus dans les bras de Siméon ; la petite Vierge si délicate, si précieusement peinte, pâle et dorée, vêtue d'une robe bleue ; deux personnages quelconques, deux pauvres gueux comme Rembrandt en peindra tant ; le dos et la main du grand prêtre. Le fond, c'est une architecture ornée, creusée d'arches d'ombre ; à droite, un vaste escalier, couvert de spectateurs visibles dans les ténèbres ; et cette foule noire est magnifique, autant que les personnages frappés par la lumière d'or. Voilà donc, à cette date, la composition rembranesque, avec son centre lumineux, dont les ondes vont se propageant et diminuant jusqu'aux plus sombres extrémités du tableau. On peut rapprocher cette *Présentation au Temple* de la *Femme adultère*, qui est à Londres, et qui a été peinte en 1644, après la *Sortie de la compagnie du capitaine Cocq* : on verra que Rembrandt, élargissant sa manière, concentrant son génie, avait déjà deviné et marqué son but dès sa jeunesse.

REMBRANDT. *Son Portrait en officier.*

Avec la *Leçon d'anatomie du professeur Nicolas Tulp*, il fait, à vingt-six ans,

MUSÉE DE LA HAYE.

REMBRANDT

SUZANNE AU BAIN

une autre affirmation. Il peint un groupe, auquel il ne faut pas demander l'aspect de vision de sa *Sortie du capitaine Cocq,* ni l'ampleur magistrale et définitive de sa réunion des *Syndics*. On a critiqué avec raison le cadavre sans accent, on peut trouver la peinture froide et sèche par places, mais ce qu'il faut reconnaître, c'est l'expression de ce groupement passionné des sept docteurs attentifs, c'est l'attitude du professeur Tulp, sûr de lui, faisant de la main gauche un geste de démonstration, pendant que de la main droite, qui tient la pince, il saisit un muscle du bras gauche du mort. Rembrandt inaugure là ses conceptions tranquilles et fortes de la réalité, sa manière de voir les masses, les visages rassemblés, la lumière et l'ombre savamment réparties.

REMBRANDT. *Dame à sa toilette.*

« C'est, — a dit W. Burger, — la représentation de la science, et non pas seulement un épisode d'amphithéâtre ; tellement, que l'impression qu'on éprouve devant ce tableau est celle d'un enseignement émis avec autorité, recueilli avec empressement et avec respect. On oublie le lieu et le sujet, répulsifs assurément, si l'esprit n'était pas emporté de force dans une région intellectuelle, par la profondeur impérieuse, quoique sans la moindre affectation, des physionomies et des attitudes. » Et Burger observe encore qu'en

Italie et en France l'art a exprimé la science par quelque figure allégorique, que Raphaël est allé chercher un idéal à dix-huit siècles en arrière et chez un autre peuple que le sien (l'*École d'Athènes*). Pour lui, Rembrandt et les Hollandais ont prouvé que l'objet de la peinture, c'est la vie naturelle, l'idée incarnée : « Rembrandt ne prend pas la vie sur l'idée, il la prend sur le fait. C'est un peintre qui peint, et qui peint bien, parce qu'il voit bien. Ce qui ne l'empêche pas de penser et de sentir profondément. Au contraire. »

Cette théorie s'applique en effet très exactement à Rembrandt. Il faut ajouter que ce grand artiste voyait la réalité avec son caractère d'étrangeté que les yeux ordinaires ne voient pas, et qui est si permanent. A ce point de vue, quel éducateur de notre vision et de notre pensée! Rembrandt nous montre que *tout* est intéressant, qu'il n'y a pas dans la matière un aspect indifférent, qu'il n'y a pas une expression du visage humain qui soit négligeable. Son principe, c'est la recherche et l'admiration de la vie, quelle qu'elle soit. Tous ses tableaux affirment cette vérité, et toutes ses gravures, et tous ses dessins. Personne n'a

REMBRANDT. *Vieillard.*

plus d'autorité que lui pour enseigner l'amour de la vie universelle.

REMBRANDT. *Portrait présumé de son frère.*

La *Suzanne au bain* (de 1632) est un autre exemple de cette faculté prodigieuse chez Rembrandt. Le peintre anglais Reynolds, qui possédait la même figure plus grande, et qui vit celle-ci, en 1781, dit : « Il semble fort singulier que Rembrandt se soit donné tant de peine pour produire à la fin une figure si laide et si désagréable ; mais son attention était principalement fixée sur le coloris et sur l'effet, dans lesquels il est parvenu, sans contredit, au plus haut degré d'excellence. » D'accord, mais Rembrandt ne cherchait pas seulement le coloris et l'effet, il cherchait surtout la forme, le mouvement, l'expression. Le coloris, ou plutôt le modelé lumineux, lui était un moyen pour mettre au point juste la forme, le mouvement, l'expression. La *Suzanne* suffirait à le prouver.

Qu'a voulu représenter Rembrandt? une femme surprise au moment où elle est nue et où elle va entrer au bain. Elle a entendu un bruit dans le feuillage, elle a deviné la présence d'un intrus, et elle cherche à se cacher et à se sauver. Elle n'est nullement laide, comme on s'est plu à le répéter après Reynolds. Elle est, au contraire, jolie et charmante, mais elle ne saurait se présenter comme une beauté académique. Elle est à moitié assise sur ses vêtements, moitié debout pour s'enfuir. Elle a mis une sandale, elle n'a pu chausser l'autre. Elle a les mouvements instinctifs de l'effroi et de la pudeur de la femme, mouvements hérités sans doute des anciens rapts de la préhistoire : elle serre un linge contre son ventre, elle essaie de cacher ses seins de son bras replié. Sa physionomie dit la candeur et l'inquiétude. On croit reconnaître en elle Saskia, la première femme de Rembrandt. Portrait de Saskia ou non, c'est une merveilleuse étude de nature, toute frissonnante, d'une intelli-

REMBRANDT. *Saül et David.*

MUSÉE DE LA HAYE.

REMBRANDT. HOMÈRE

gence profonde, d'un sentiment délicieux.

Puis, au musée de la Haye, deux portraits que l'on désigne comme des portraits de Rembrandt. L'un, douteux, est un portrait d'adolescent, auquel on attribue la date de 1629, un vif effet de lumière sur un front solide. L'autre est certainement Rembrandt vers 1634, costumé en officier, en béret de velours à plumes, en hausse-col d'acier, une physionomie vive et impérieuse. Tous deux sont très beaux. La *Dame à sa toilette*, de 1637 ou 1638, est une belle peinture où l'harmonie est savamment établie entre la robe vert foncé, les manches rayées d'or, la chemisette blanche, les bijoux du col et de la chevelure, le tapis rouge, la chair du visage. La *Tête de vieillard* ne peut être acceptée comme de Rembrandt avec une certitude absolue, bien qu'elle ait été gravée par lui : on signale des ajoutés à cette peinture d'ailleurs subtile. Pour le portrait présumé d'Adrien Harmensz van Ryn, frère de Rembrandt, signé et daté de 1650, il est superbe, un côté du visage en pleine lumière, une partie dans l'ombre, toute la physionomie empreinte d'une réflexion,

REMBRANDT. *Nègres.*

d'une force de volonté, d'une énergie peu communes. Peindre ainsi, c'est créer à nouveau la vie.

On donne aussi, comme la mère de Rembrandt, un portrait de vieille femme ; comme sa sœur, un portrait de jeune fille. Le premier est sans date, le second est classé aux environs de 1630. Le *Repos en Égypte* serait de 1635 ou 1636. Et nous arrivons à une autre période de la vie de Rembrandt. *Saül et David* est une peinture que l'on croit de 1660. C'est de la grande manière biblique du peintre : un Saül farouche, couvert du manteau royal, coiffé d'un haut turban, qui tient une lance de sa main droite, et de sa main gauche essuie les larmes qui coulent sur son visage ravagé et soucieux, pendant que le petit David joue de la harpe, attendrit et apaise le vieux roi. La peinture est magnifique par son mélange de rouge et d'or. De même, l'*Homère,* puissant et grave, d'une sombre richesse de couleurs. Mais Rembrandt est toujours magnifique, et il est aussi toujours inattendu. Au jour où j'étais à la Haye, le Musée exposait un tableau prêté, je crois, deux *Nègres*, très étonnants, deux bronzes noirs, l'un dans la lumière, l'autre dans l'ombre.

III. — PAUL POTTER. — VAN DER NEER. — ALBERT CUYP. — DIVERS PAYSAGISTES.

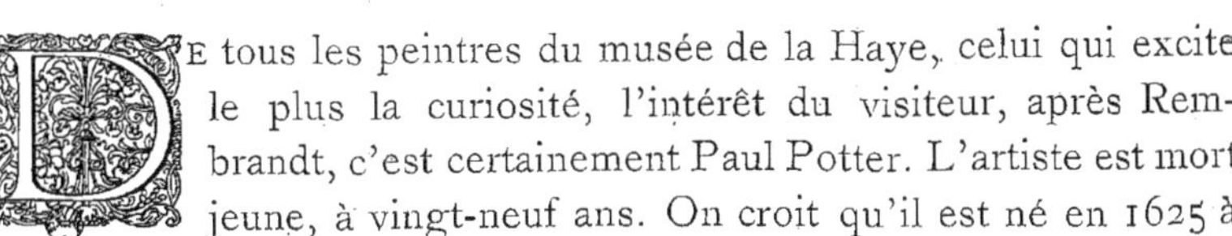

De tous les peintres du musée de la Haye, celui qui excite le plus la curiosité, l'intérêt du visiteur, après Rembrandt, c'est certainement Paul Potter. L'artiste est mort jeune, à vingt-neuf ans. On croit qu'il est né en 1625 à Enkhuyzen, et il est mort en 1654, à Amsterdam. Il fut maladif, sensible, inquiet, se maria en 1650. Son portrait, par Van der Helst, est à la Haye, et c'est un bon portrait de Van der Helst. On dit qu'il a été peint trois jours avant la mort de Paul Potter. Le peintre est assis

MUSÉE DE LA HAYE.

VAN DER HELST — PORTRAIT DE PAUL POTTER

A. CUYP. *Un Seigneur de Rovère surveillant la pêche au saumon.*

devant son chevalet, qui porte une toile blanche; il tient sa palette et regarde de côté. Il est pâle, lymphatique, sérieux et triste. Il a la tête et le visage bien construits, apparaît intelligent et mélancolique. Son œuvre ne dément pas ce signalement. Il fut amoureux de la nature, de la vie paisible des champs, des grands ciels pleins de pluies, de l'existence ruminante des animaux errant par les pâturages, se reposant à l'ombre d'un arbre, côtoyant un ruisseau.

Quand on discute son talent, il faut d'abord admettre qu'il n'a pas fait son œuvre, qu'il l'a seulement annoncée. Il est certain qu'il est méticuleux, qu'il travaille trop ses sujets, qu'il accumule les détails, qu'il n'en voit pas tout de suite l'essentiel, qu'il n'en dégage pas la force. Mais à travers tous ces scrupules et toutes ces fautes, on sent l'imagination contemplative, et c'est un charme qui suffit à le placer haut, à faire admirer sa tâche interrompue.

On a, toutefois, trop maltraité le *Taureau* du musée de la Haye. C'est un tableau unique dans l'histoire de la peinture. Sans doute, Rubens a traité l'animal en grandeur naturelle dans ses chasses. Et dans nombre de toiles, des chevaux figurent à leur taille; mais personne n'a fait, de cette façon attentive, respectueuse, religieuse, j'oserais dire, le portrait d'un animal. Paul Potter n'a pas choisi un effet de lumière qui mette en relief la forme farouche. Il a voulu tout dire, par un jour égal, par une lumière grise, froide, sereine. Au ciel, il y a un nuage, et c'est tout. L'attention va tout entière à la bête. Son poil fauve et blanc est trop détaillé, trop vrai; on en voit les places lisses, les retroussis, les spirales; on voit les mouches posées sur le pelage, comme des mouches réelles. Mais quelle puissance dans la tête au front carré et stupide! quelle énergie dans l'épaisse encolure! quelle flamme bestiale dans l'œil! Tous ces caractères du taureau sont mis en valeur par le groupe paisible de la vache, du bélier, de la brebis, de l'agneau, du paysan qui a une tête de pauvre homme, encore bien heureux de posséder toutes ces richesses. La plaine est immense, un humble village est à l'horizon, le grand ciel est chagrin. Le taureau se dresse comme une statue, belle brute au front bourru, grande chose puissante dont il semble qu'on entende le souffle.

Le *Taureau* est de 1647, la *Vache qui se mire* est de 1648. Je préfère le *Taureau*. Il y a beaucoup de choses dans la seconde toile : la vache principale, d'abord, puis d'autres vaches que l'on trait, une autre dans la mare, des béliers, des moutons, des baigneurs, une voiture attelée de six chevaux. L'intérêt est dispersé, mais la lumière qui éclaire la campagne est pure, mais la cam-

MUSÉE DE LA HAYE

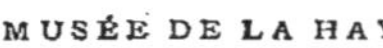

PAUL POTTER. LE TAUREAU.

pagne d'été est charmante et familière. C'est encore cette vérité de l'atmosphère et ce charme des choses que l'on trouvera dans la *Prairie avec bestiaux et porcs*, où il y a la grâce finissante de l'automne.

Restons parmi les paysages. On peut suivre, à peu près, au musée de la Haye, l'histoire du paysage hollandais. Presque tous ses genres sont représentés, presque toutes ses dates sont inscrites. C'est la *Lisière de forêt* et c'est le *Chemin dans les dunes*, de Wynants. C'est le *Petit Pont*, de Salomon Ruÿsdaël. Ce sont des marines de Backhuyzen et de Van de Velde le Jeune; une *Pastorale* et une *Chasse* de Berchem; des *Paysages italiens*, de Jan Both; une *Cascade en Italie*, de Karel du Jardin; une *Vue de Dusseldorff*, de Van der Heyden.

Puis, deux œuvres très particulières. Il y a un *Clair de lune* de Van der Neer, qui est probablement son chef-d'œuvre, le fond fin, mystérieux, précis, tout le tableau bleui et doré par la nuit et par l'astre. Il y a un tableau d'Albert Cuyp, très singulier : un *Seigneur de Rovère surveillant la pêche du saumon*. Le paysage est coupé par une rivière. Sur l'autre rive, des maisons régulières. Au premier plan, un cavalier donne des ordres à un pêcheur, pendant que d'autres pêcheurs, au second plan, relèvent leurs filets. C'est tout à fait curieux par l'aspect linéaire, par le groupe dressé en avant, par la vive lumière. Mais il faut mettre encore davantage à part Van Goyen et Ruÿsdaël.

IV. — VAN GOYEN. — JACOB RUŸSDAËL.

VAN GOYEN a une seule toile, une *Vue de Dordrecht*, qui est de sa belle manière fluide, dorée, phosphorescente, les vagues courtes et tumultueuses, les barques agitées. On voit au fond la ville avec la tour carrée de son église, et toute une ligne de maisons, rompue çà et là par des ailes de moulins à vent. A gauche, une pointe de terre s'avance dans l'eau, des cavaliers, des voitures stationnent devant deux maisons, au-dessus desquelles s'éparpille dans l'air le feuillage maladif et léger de Van Goyen.

Il est, ici comme à Amsterdam, le peintre des grands ciels, des eaux rapides, des fleuves, des eaux calmes, des canaux. Son œuvre est surtout baignée d'eau, pleine de nuées qui parcourent l'espace, de barques qui oscillent, qui filent, qui restent à l'ancre. Plus que tout autre, il crée le paysage hollandais, il fait encore et toujours le portrait de l'eau et du ciel, encore et toujours le portrait des barques et des villes, profilées sur la rive.

J'ai dit que Van Goyen était né à Leyde, en 1596. Il se fixa à la Haye, en 1631, fut président de la Gilde de Saint-Luc, vécut mal de sa peinture, fit le commerce des maisons et des tulipes, et mourut insolvable en 1660. Une de ses filles, Margaretha, épousa Jan Steen.

Ruÿsdaël a quatre toiles : une *Cascade*, un de ses paysages torrentueux, rocheux, sauvages ; une *Plage*, qui est probablement la plage de Scheveningue, des lames qui se brisent sur le sable, des bateaux de pêche, des dunes où se promènent des hommes et des femmes ; le

Ruÿsdaël. *Le Vyverberg à la Haye.*

MUSÉE DE LA HAYE.

VAN GOYEN. VUE DE DORDRECHT.

RUŸSDAËL. *Vue de Haarlem.*

ciel et l'eau sont agités, et l'on sait comment Ruÿsdaël excellait à ces mouvements de l'atmosphère et de la mer; le *Vyverberg à la Haye*, un paysage de ville animé, dit-on, par des figures de Wouwerman, des allées touffues, une eau assombrie, des maisons, parmi lesquelles la première bâtie sur l'eau, à droite, est le logis de Maurice de Nassau, aujourd'hui le Musée, — le Mauritshuis; enfin, la *Vue de Haarlem prise des dunes d'Overveen*, répétition probable du tableau d'Amsterdam : les deux tableaux sont beaux de gravité, avec le premier plan de prairies où sèche du linge, le fond des maisons et des moulins de Haarlem, dominé par la grande église, le ciel immense, un de ces grands ciels où Ruÿsdaël a mis toute la contemplation, tout le voyage de sa pensée. On ne sait rien de la vie de Ruÿsdaël. Fromentin a dit avec émotion cette incertitude : « Eut-il des joies, s'il eut certainement des amertumes? Sa destinée lui donna-t-elle des occasions d'aimer autre chose que des nuages, et de quoi souffrit-il le plus, s'il a souffert, du tourment de bien peindre ou de vivre? Je ne connais dans l'école hollandaise que trois ou quatre hommes, dont la personne intéresse à ce point : Rembrandt, Ruÿsdaël, Paul Potter, Cuyp peut-être, et c'est déjà plus qu'il n'en faut pour les classer. » C'est vrai, sauf que j'inscrirai Van der Meer de Delft sur la liste.

Nous retrouverons Van der Meer. Restons encore auprès de ce Ruÿsdaël dont on voudrait avoir les confidences. Mais ne les a-t-on pas, après tout, très profondes et complètes par les drames de la nature, qu'il a racontés en grand peintre et en grand poète? Il était né à Haarlem en 1628 ou 1629. Son père était fabricant de cadres. Son oncle Salomon, souvent cité comme son frère, dont les musées de Hollande renferment de bons paysages, lui enseigna les commencements de la peinture. Houbraken dit sans preuves qu'il avait mené à bien des études médicales avant d'être peintre, et qu'il fit quelques opérations chirurgicales. L'influence qui agit sur lui, entre toutes, fut celle d'Aldert van Everdingen. On croit qu'il accomplit, comme Everdingen, un voyage en Norvège. Il mourut pauvre à Haarlem en 1671. C'est à peu près tout ce que l'on sait de sa vie. Nous savons mieux qu'il a été le peintre des torrents, de la mer, du ciel, et aussi le peintre des arbres, qu'il en a fait des personnages sévères, mélancoliques, de grande physionomie d'ensemble, malgré le feuillage persillé, le détail trop apparent, les ombres trop lourdes. La manière de voir et de peindre est si forte chez lui que nous croyons voir ces arbres animés de sentiments, tristes dans l'étendue monotone, attachés au sol comme des captifs, supportant la bourrasque, la pluie, les saisons hostiles.

V. — BREKELENKAM. — VAN OSTADE. — WOUWERMAN.

Mais il faut quitter les paysagistes pour les peintres de la vie populaire et bourgeoise. La *Saignée*, de Brekelenkam, est un excellent exemple de ces scènes bien construites, bien limitées, où tient toute une manière d'exister, à l'aide d'un incident quelconque ou d'une péripétie. Ici, c'est une péripétie. La vieille femme, au nez crochu chaussé de bésicles, pose une ventouse sur le bras d'une femme bien coiffée, au corsage bordé d'hermine. Le vis-à-vis de ces deux femmes est d'un artiste qui s'entend à ordonner, à composer un tableau. Prenez ces petits tableaux hollandais pour des fragments de comédies, présentés dans le cadre comme si le rideau se levait. C'est une pièce

A. van Ostade. *Le Ménétrier.*

A. VAN OSTADE. *La Demande en mariage.*

muette, mais les expressions et les gestes parlent. Les accessoires aussi ont une physionomie : les chaises, la chaufferette, le chandelier, le perroquet dans sa cage, et la carte de géographie accrochée à la muraille, cette carte de géographie que l'on voit si souvent dans les tableaux hollandais.

Adrien van Ostade est un artiste tout à fait varié, et nous le voyons à la Haye qui confine à Jan Steen et à Ter Borch. Les *Paysans dans une auberge* dépassent même, par la qualité de l'atmosphère, par le jeu de la lumière, les toiles un peu neutres d'aspect général de Jan Steen, si virulent et si âpre dans la représentation des personnages qu'il met en action. Mais les personnages de Van Ostade, moins marqués d'un trait corrosif, sont plaisants par la bonhomie, amusants par la grimace. Il y a une humour particulière chez Van Ostade, et il la prouve ici par ces bonnes gens quittant les travaux de la terre pour venir, dans la cha-

BREKELENKAM

LA SAIC

leur et la quiétude de l'auberge, boire, fumer, jouer du violon, se chauffer, causer, rire. Le *Ménétrier* n'est pas d'une philosophie moins douce : le bonhomme distrait de sa musique les gens d'une chaumière, des enfants, des vieux, le joyeux buveur assis sur un banc et qui tient un pot de bière. Et Van Ostade se montre peintre parfait d'autres intérieurs, et peintre d'une autre manière avec la *Demande en mariage*. Avec quel art il a groupé ses quatre personnages dans la clarté d'une fenêtre, un homme à chapeau noir adossé à une table, deux grosses femmes assises, l'une qui joue avec un chien tout en pensant très attentivement à la question qui lui est proposée, l'autre qui s'arrête de lire une lettre pour regarder un jeune homme en noir, au visage inquiet. La belle lumière sur la grosse femme qui écoute, et la belle pénombre jusqu'au fond de la chambre aux murs garnis de tableaux!

Wouwerman est un spécialiste qui révèle de nouveau son aptitude avec l'*Arrivée à l'hôtellerie*, le *Départ de l'hôtellerie*, le *Chariot de foin*, la *Bataille*, un *Camp*. La *Bataille* dépasse les proportions de son talent, mais les scènes d'hôtellerie sont vives, légères, pittoresques, comme à l'habitude. Il est un peintre de jolis mouvements, de grâces cavalières, d'élégances précieuses.

WOUWERMAN. *Le Départ de l'hôtellerie.*

VI. — TER BORCH.

L'OCCASION est bonne, à la Haye, de faire ample connaissance avec Ter Borch, puisque le Musée renferme son portrait par lui-même. Les recherches des érudits nous ont appris que la famille de l'artiste était originaire de la ville de Zwolle, où elle occupait de sérieux emplois. Le grand père de Gérard Ter Borch était receveur des impôts. Son père, nommé aussi Gérard, voyageur en Allemagne, en Italie, en France, d'où il rapporta des albums de dessins au retour, devenu à son tour receveur des impôts, continua à dessiner très intelligemment, et transmit son goût pour les arts à ses enfants, Gérard, Moses, Gesina. L'aîné était Gérard. Tous trois savaient dessiner. Moses fut tué à la guerre. Gesina resta vieille fille.

Gérard Ter Borch est né à Zwolle en 1617. Ses dessins d'enfance sont charmants comme ceux de son père, de son frère et de sa sœur. Il fit son apprentissage à Haarlem, dans l'atelier de l'Anglais Pieter Molyn, devint un paysagiste de la ville et de la campagne, fit de nombreux dessins de la vie militaire. En 1635, il est à Londres. On croit qu'il est allé aussi en Italie, mais les preuves manquent. En 1645, il est à Amsterdam, puis à Munster : son tableau (qui est à Londres) de la *Paix de Munster,* signée en 1648, se rattache évidemment à ce séjour. De Munster, Ter Borch va en Espagne. En 1650, il est de retour en Hollande, et il se marie à Deventer où il s'établit définitivement. Il devient alors le peintre et l'historien de la société où il vit, des galants militaires, des dames aux robes de satin blanc, aux corsages de soie jaune ou de velours rouge. Cette robe de satin blanc, aux plis chatoyants, c'est comme une signature de lui. Mais il a peint d'aussi belle façon des sujets différents, des scènes populaires, des scènes champêtres, des portraits.

MUSÉE DE LA HAYE.

ER BORCH. SON PORTRA

TER BORCH. *La Dépêche.*

C'est au moment reposé de sa vie qu'il s'est fixé sur la toile de la Haye, qui est bien l'un des portraits les plus curieux qu'un peintre ait fait de lui-même. Il est en pied, son costume recouvert par un manteau qui lui tombe jusqu'aux genoux. On ne voit hors de ce manteau qu'un rabat de dentelle, un peu de la culotte courte, des bas gris, des souliers à bouts carrés, lacés de rubans. Les bras et les mains sont cachés sous le manteau. Sur la tête, une perruque blonde très soignée, aux boucles légères. La beauté de ce portrait, c'est l'attitude du personnage et c'est le caractère de la physionomie. Ter Borch se présente en homme considérable, sérieux, bien habillé. Il n'était pas bourgmestre de Deventer, comme il a été souvent dit (cette dignité échut à l'un de ses cousins), mais il était de ceux qui étaient délégués pour élire les magistrats. Ce qu'il y a de certain, c'est que nous avons devant nous un homme important. Que ce visage massif est intéressant, au-dessus de ce beau costume, que les yeux sont perspicaces, que la bouche est spirituelle entre le long nez régulier et les deux mentons!

Le Musée possède encore de lui la *Dépêche* : un trompette apporte un ordre à un officier en galante compagnie, une femme en robe violette et corsage jaune. La peinture est très sombre, peu visible.

VII. — JAN STEEN. — JAN OLIS. — MIERIS. — OCHTERVELT.

JAN STEEN. *La Ménagerie.*

IL y a, au musée de la Haye, parmi les œuvres de Jan Steen, une œuvre qui nous le fait apparaître très singulier, très inattendu : la *Ménagerie.* C'est une basse-cour. Au fond, par une vaste porte, on aperçoit un grand château, une pièce d'eau, des arbres. La petite châtelaine est venue « voir les bêtes ». Cette petite châtelaine est une charmante petite fille, vêtue d'une robe jaune clair, d'un fichu

MUSÉE DE LA HAYE.

R BORCH. PORTRAIT DE LA FAMILLE VAN MOERKERKEN

et d'un tablier blancs. Elle est accompagnée de deux petits chiens, et elle donne du lait à boire à un agneau. Devant elle, un gros pigeon, des canards dans une mare, un magnifique coq. Sur un arbre mort, un paon qui étale sa queue ruisselante de pierreries. Au-dessus d'elle, un pigeon blanc qui vole, des pigeons nichés dans tous les trous. Et derrière elle, une armée de dindons, de pintades, de poules de toutes les espèces. Un vieux serviteur, qui porte des œufs, cause et sourit à l'enfant, et plus loin un nain, à la souquenille en loques, qui porte un panier plein de poussins sous son bras droit et une poule dans sa main gauche, regarde aussi en souriant la petite fille. Steen a mis une bonté infinie, un dévouement, un ravissement sur ce visage grotesque, mal rasé, du pauvre nain, et l'on garde de cette *Ménagerie* un souvenir reconnaissant à l'artiste qui a représenté avec tant de bonhomie, tant de gentillesse, cette petite fille assise parmi cette troupe grouillante d'animaux, ce serviteur qui paraît un si bon homme, et ce pauvre nain à gros pieds, à grosse tête, qui paraît le génie familier du lieu.

Jan Steen. *La Visite du médecin.*

C'est le même Jan Steen qui peint cette scène si différente, superbe de tenue, de style comique : la *Visite du médecin*. Dans une chambre sombre, ornée d'un grand tableau, meublée d'une table, d'un fauteuil, d'une chaise, d'un lit clos de rideaux, une fillette est couchée, malade, toute blanche dans les blancheurs de l'oreiller et des draps, les bras nus, l'un autour de sa tête, l'autre étendu sur le lit. Le vieux médecin, tout de noir vêtu, un chapeau pointu sur la tête, ses gants à la main, ne regarde pas encore sa malade. Il est bien vieux, bien fatigué sans doute, le vieux médecin, bien malade peut-être lui aussi. Aussi le soigne-t-on tout d'abord, et il regarde avec une physionomie étonnante, qui reste sérieuse, le joli verre de vin blanc que lui apporte la mère ou la servante de la malade.

Il y a encore un autre tableau de médecin : la *Jeune malade*, assise dans un fauteuil, donne son poignet au docteur, plus alerte que le vieux docteur de tout à l'heure. Une servante rit. La malade n'est pas sans doute très malade. Sur une cheminée, la statuette d'un amour.

JAN STEEN. *L'Estaminet.*

Mais voici Jan Steen chez lui : le *Peintre et sa famille*. Tout le monde est à table. Le peintre, entre deux femmes, rit et fume. Une grand'

JAN STEEN LE DENTI

mère tient un enfant. Un grand-père chante devant l'âtre. Il y a des musiciens, un joueur de flûte, un joueur de cornemuse. La même pancarte que dans un tableau analogue, à Amsterdam : « Comme les vieux chantent, les petits piaulent. »

JAN OLIS. *Un Savant.*

Et Jan Steen est hors de chez lui, dans l'*Estaminet.* Des servantes préparent des huîtres, un gros bonhomme tient un enfant, qui tend la main vers un perroquet. Un vieux offre avec insistance une huître à une belle femme au caraco brodé d'hermine. Une vieille veut faire boire un jeune homme qui s'esclaffe de rire. Il y a aussi des joueurs de trictrac, des buveurs, des fumeurs, un joueur de guitare, que l'on dit être Steen, mais on peut le reconnaître aussi dans l'un des gros rieurs. C'est une des scènes les plus complètes, les mieux disposées, dans l'œuvre de l'artiste. Les personnages sont tous bien montrés dans l'atmosphère, qui est bien une atmosphère de salle close où l'on fume, éclairée par deux ouvertures. Chaque geste est d'une vérité parfaite, chaque expression de physionomie est juste, et bien que l'animation soit très marquée, il y a un calme dans cet *Estaminet* où chacun accomplit tranquillement sa fonction.

La *Fête de village* est plus agitée : une ronde véritablement forcenée de quatre paysans, deux hommes, deux femmes, qui gambadent, tapent le sol du pied. Un ménétrier, debout sur un tonneau, racle un violon. Des paysans regardent. Deux autres sont occupés, sur un banc, à lutiner une grosse et laide commère. Quelle humanité cocasse ! à ras-de-terre ! comme de vieux gosses qui continuent à s'amuser. Quels profils ! quels nez ! Quels mentons en galoche !

Ce comique se précise encore avec une scène comme celle du *Dentiste*, un gaillard redoutable à grand chapeau, qui fouille dans la bouche hurlante d'un paysan. Autour du groupe, des enfants rient, des hommes et des femmes ne rient pas, frémissent au souvenir ou à l'appréhension d'une torture semblable.

OCHTERVELT. *Le Marchand de poissons.*

Gabriel Metsu a trois toiles au musée de la Haye : un *Chasseur* se montre dans le cadre d'une fenêtre ; il a tué un pigeon ramier et il boit un verre de vin. C'est une gentille peinture, très fine, un peu trop fine même. Les *Amateurs de musique*, malgré cette même finesse qui tournera mal pour l'école hollandaise, font un meilleur tableau, où il y a encore une forme robuste et un coloris velouté ; la femme

METSU. AMATEURS DE MUSIQUE.

en robe jaune et en vêtement cerise qui note un air de musique, et le jeune homme joufflu, vêtu de noir, sont deux excellentes figures. Pour le troisième tableau de Metsu : la *Justice protégeant la Veuve et l'Orphelin*, c'est une allégorie mal conçue et mal exécutée.

MIERIS LE JEUNE. *La Boutique de l'épicier.*

Jan Olis a un bon tableau : le *Portrait d'un savant*. Le *Marchand de poissons*, d'Ochtervelt, est bien composé, et de jolie coloration. Mieris le Vieux échappe à la sécheresse, égale Metsu par la toile où il s'est peint avec sa femme, mais Mieris le Jeune est tout à fait puéril avec sa *Boutique de l'épicier*, simplement documentaire.

VIII. — VAN DER MEER DE DELFT.

JOHANNES VERMEER, que l'on nomme Van der Meer de Delft pour ne pas le confondre avec les Van der Meer de Haarlem et Van der Meer d'Utrecht, est né à Delft en 1632. Il s'y maria avec Catherine Bolenes, en 1653. La même année, il fut reçu maître dans la corporation des peintres. En 1662-1663, il est doyen, puis il quitte cette fonction et

en robe jaune et en vêtement cerise qui note un air de musique, et le jeune homme joufflu, vêtu de noir, sont deux excellentes figures. Pour le troisième tableau de Metsu : la *Justice protégeant la Veuve et l'Orphelin*, c'est une allégorie mal conçue et mal exécutée.

MIERIS LE JEUNE. *La Boutique de l'épicier.*

Jan Olis a un bon tableau : le *Portrait d'un savant*. Le *Marchand de poissons*, d'Ochtervelt, est bien composé, et de jolie coloration. Mieris le Vieux échappe à la sécheresse, égale Metsu par la toile où il s'est peint avec sa femme, mais Mieris le Jeune est tout à fait puéril avec sa *Boutique de l'épicier*, simplement documentaire.

VIII. — VAN DER MEER DE DELFT.

JOHANNES VERMEER, que l'on nomme Van der Meer de Delft pour ne pas le confondre avec les Van der Meer de Haarlem et Van der Meer d'Utrecht, est né à Delft en 1632. Il s'y maria avec Catherine Bolenes, en 1653. La même année, il fut reçu maître dans la corporation des peintres. En 1662-1663, il est doyen, puis il quitte cette fonction et ne la reprend qu'en 1670-1671. Il meurt en 1675, à quarante-trois ans. Voilà l'état civil de l'artiste, tel qu'il a été établi par Henry Havard.

C'est peu, mais il faut se contenter de ce peu. On n'a pas même un portrait de l'artiste, puisque le portrait que l'on croit le sien, par lui-même, représente un peintre, vu de dos, faisant le portrait d'une femme costumée en Renommée. Ce dos de Van der Meer est dans une galerie de Vienne.

Pour le catalogue des œuvres, il a été sommairement dressé par W. Burger, et augmenté depuis de quelques ouvrages, mais il n'a toujours rien de définitif. On ne sait pas non plus de qui Van der Meer a été l'élève. Burger crut à Rembrandt, mais rien n'est venu prouver sa croyance. On a mis en avant les noms de peintres établis à Delft : Léonard Bramer et Carel Fabritius. Ce sont là des hypothèses plausibles, rien de plus ni de moins.

Ce qu'il y a de plus certain, pour Van der Meer de Delft, c'est l'aspect de ses tableaux qui ne ressemblent en rien à d'autres tableaux, et qui peuvent être reconnus entre tous ; c'est la manière sobre de composer une scène, de disposer les objets, de faire apparaître les objets et les personnages sur le fond ; c'est l'harmonie des couleurs choisies. Alors que Pieter de Hooch est épris de colorations riches et lourdes, de rouges et de noirs veloutés, mis en opposition avec des coups de lumière dorée violemment frappés, Van de Meer se plaît aux lumières égales et argentées où se jouent des couleurs à la fois calmes et légèrement acides, des jaunes citron, des verts de mousses fraîches, des bleus de ciel.

Au musée royal de la Haye, comme au musée Six d'Amsterdam, Van der Meer paysagiste est présent, avec une force extraordinaire, et c'est une vue de Delft qui nous le montre sous cet aspect si différent. C'est toute la silhouette de la ville, vue de l'autre côté d'un canal, avec ses quais, un pont, une porte de la ville, le

Van der Meer de Delft. *Le Nouveau Testament.*

clocher, des maisons dentelées, des verdures vues au-dessus des murs de jardin. Il y a des personnages au premier plan sur la berge du canal, et de l'autre côté sur le quai, personnages vivement indiqués avec leurs vêtements noirs, blancs, bleus, jaunes, rouges. L'eau est d'un bleu pâle. D'un côté les maisons ont des toits bleus, de l'autre côté, elles ont des toits rouges. Toutes ces maisons, tous ces toits, tous ces clochers, clochetons et tourelles, sont illuminés de la plus vive et plus jolie lumière mouillée qui se répand sur la ville à travers les nuages d'argent qui voguent au ciel.

Le jour où je suis allé au musée de la Haye, était visible un tableau de Van der Meer qui était porté comme disparu, depuis 1735, dans la plupart des travaux consacrés à l'artiste. C'est le *Nouveau Testament*. Il figure dans le catalogue de la vente qui fut faite du peintre en 1699 : « Une femme assise, avec beaucoup d'emblèmes représentant le Nouveau Testament. » On le revoit à une vente de 1718 et à une vente de 1735, et je crois que c'est encore lui qui figure dans une vente de 1749, citée par Burger : « Une dame dans sa chambre, faisant ses dévotions, avec beaucoup d'accessoires, par *Delfse* Van der Meer. » Cela serait facile à vérifier, puisque les dimensions sont indiquées en 1749, et que le tableau est maintenant à la Haye. Je m'en tiens ici à sa description. Une belle femme, assez corpulente, aux bandeaux de cheveux noirs, est assise sur une estrade, auprès d'un prie-Dieu sur lequel sont un livre ouvert et un ciboire. Elle a le visage à la fois sérieux et extatique, le bras gauche appuyé sur le prie-Dieu, la main gauche pendante et la main droite sur le cœur. Elle est vêtue d'une robe blanche et d'un corsage bleu décolleté L'un de ses pieds nus est posé sur une boule terrestre. Devant elle, sur les dalles, un serpent se tortille, vomissant du sang, écrasé par une pierre, je crois, ou un morceau de bois. Une belle tapisserie est écartée, laisse voir un grand tableau du Crucifiement, avec la Vierge, Madeleine et Jean. Au plafond à solives, un ruban bleu est fixé, auquel est supendu une boule brillante. C'est d'une magnificence et d'une sûreté de peinture rares. Tout est de même beauté, la tapisserie et les accessoires aussi bien que les chairs du visage, de la gorge et des bras de la dame qui représente le Nouveau Testament.

Ce tableau et un autre peuvent nous aider à résoudre un problème d'attribution. L'autre, c'est la *Tête de jeune fille*, et quoique d'autres proportions que la plupart des personnages de Van der Meer, il est évidemment du maître de Delft. La jolie figure est vue de trois quarts, la bouche entr'ouverte, les yeux un peu proéminents et vifs. Sur la tête, un linge bleu et blanc, enroulé en turban, et qui retombe sur le dos. Ce tableau est bien de Van der Meer de Delft. Il est signé à sa manière par l'I et le MEER, et

MUSÉE DE LA HAYE.

VAN DER MEER DE DELFT. VUE DE DELF

surtout, il est de sa pâte d'argent, de sa dorure de soleil pâle.

Si ce tableau de la *Jeune Fille* est de lui (et il est évidemment de lui), je crois fermement qu'il faut lui attribuer la *Toilette de Diane,* mise officiellement au compte d'un autre Van der Meer, — Van der Meer d'Utrecht. Comme il n'y a pas un seul autre tableau de ce dernier peintre dans les musées de Hollande, les pièces de comparaison manquent. Au contraire, la *Toilette de Diane,* comparée aux œuvres de Van der Meer de Delft, atteste la même origine. La grande preuve, c'est l'identité de modelé. A la Haye même, voyez la *Tête de jeune fille* et le *Nouveau Testament :* ce sont les mêmes chairs, les mêmes grands plans, la même distribution d'ombres et de lumières. Que le tableau de Diane soit, après cela, différent des autres, d'accord. Van der Meer a eu ses recherches comme Rembrandt et tous les grands artistes, quoi qu'il soit arrivé vite à l'ampleur de la forme, à la domination de son sujet. La toile n'est pas grande, elle a un mètre carré, mais le sujet est traité avec une largeur incomparable. C'est une réunion de jeunes filles, Diane et ses nymphes. L'une de celles-ci, agenouillée, lave les pieds de la déesse : bassin, éponge, serviette, rien ne manque. Diane est une charmante jeune fille, aux seins nus, au visage paisible. Elle est revêtue d'une robe jaune, le croissant brille à sa chevelure. Cette robe jaune est du jaune de Van der Meer de Delft, comme la robe bleue d'une nymphe est de son bleu, mais il n'a jamais montré tant de couleurs dans la lumière : une femme au dos nu, à demi couvert d'une draperie orange, la nymphe agenouillée en robe violette et corsage brun, la nymphe à la robe bleue vêtue aussi d'un corsage rouge, et une autre nymphe debout, en robe noire qui crée une forte partie d'ombre à droite du tableau, à l'opposé de la draperie orange. Le fond est un paysage d'arbres bleus. Un bon chien regarde la toilette de la déesse. Le groupe des cinq femmes est d'une tournure et d'une souplesse admirables, sans analogies dans la peinture hollandaise. Il faut arriver aux figures de Corot pour trouver une parenté à ces figures de Van der Meer.

Les érudits hollandais sont partagés, mais je vois que plusieurs d'entre eux tiennent pour Van der Meer de Delft. Le tableau est signé : I. v. MEER, 165. Souvenons-nous de l'obscurité dans laquelle Van der Meer a été enfoui si longtemps, et de la *Courtisane* du musée de Dresde, aux quatre personnages de grandeur naturelle, qui a été attribuée à tout le monde avant de lui être rendue.

Pour compléter mes impressions sur Van der Meer, j'ai pris à la Haye le tramway pour Delft. J'y ai vu le Prinsenhof où Guillaume le Taciturne fut assassiné : j'ai traversé la petite cour, monté l'escalier, vu les traces des balles tirées par Balthazar Gérard. Je suis sorti. Il faisait un temps d'hiver doux et pluvieux. J'ai erré par les rues, les places, au long des canaux, apercevant çà et là, sous la bruine, quelque femme de Delft vêtue aux couleurs de son peintre, robe jaune ou bleue, du jaune et du bleu de Van der Meer.

IX. — FLAMANDS. — ALLEMANDS. — ITALIENS. — ESPAGNOLS. — FRANÇAIS.

LE musée de la Haye est plus riche que le musée d'Amsterdam en peintures étrangères. Les Flamands, d'abord, sont mieux représentés. On attribue à Rogier Van der Weyden une *Descente de croix*, qui a été aussi attribuée à Memling. Les figures ressemblent davantage à celles de Van der Weyden : celles du Christ, de la Madeleine, de Jean. Les autres sont un peu molles, et le même sujet, au Louvre, montre mieux Van der Weyden. De Hans Memling, il y a un bon portrait d'homme.

Brueghel de Velours a travaillé avec Rubens à plusieurs tableaux,

MUSÉE DE LA HAYE.

VAN DER MEER DE DELFT. TÊTE DE JEUNE FIL

entre autres au *Paradis terrestre :* il a peint le paysage et les animaux, et Rubens a peint les figures d'Adam et Ève, d'une assez petite manière, pour se mettre d'accord avec le paysage détaillé, précieux, et tous ces animaux qui font songer à une collection de naturaliste : perroquet, cheval, dindon, singe, faisan, lapin, chien, écureuil, cerf, chameau, cygne, loup, canard, grue, coq, lion, chèvre, tigre, bœuf, autruche, etc.

Rubens, heureusement, sort de cette ménagerie, et il peint, de sa peinture vive et forte, *Michel Ophovius, évêque de Bois-le-Duc*, son confesseur. Il peint aussi, avec quelle force et quelle douceur ! les portraits de ses deux femmes : *Isabelle Brandt*, aux cheveux noirs, ses mains fines croisées sur son corsage décolleté, une chaîne d'or aux épaules, des perles dans la chevelure ; *Hélène Fourment*, aux cheveux blonds, coiffée d'une toque à plumes blanches, ornée de perles et décolletée comme Isabelle Brandt. Le portrait d'Isabelle est peut-être le plus

RUBENS. *Hélène Fourment.*

TILBORGH. *Une Famille.*

curieux, le plus fluide. Pour les expressions des visages, elles sont parfaites. Isabelle, plus sérieuse, plus tendre, le regard plus fin; Hélène, d'une belle jeunesse épanouie, plus indifférente.

Van Dyck est, comme son maître, fort bien représenté, par un portrait signé, daté de 1627, et qui est le portrait de l'un des fils du baron Scheffield, portrait sobre et tranquille; par un beau portrait de femme, *Anna Wake;* et enfin, par un portrait d'homme, *Quintin Symons,* peintre, qui est bien des meilleurs de Van Dyck pour l'expression intelligente, soucieuse, et le visage délicat, au grand front, aux yeux maladifs.

De Gonzalès Coques : *Une Galerie de tableaux,* intéressante par les copies minuscules dues à diverses mains, dit-on, d'œuvres des

VAN DER MEER DE DELFT. LA TOILETTE DE DIANE.

maîtres du temps. La part de Gonzalès Coques serait son portrait et celui de sa femme. De Tilborgh, *Une Famille*, réunion de gens à table parmi lesquels on prétendait reconnaître Adrien van Ostade et Paul Potter, avec leurs femmes et leurs enfants. On a renoncé à ces désignations, et de fait, rien ne ferait reconnaître Paul Potter en ce personnage déluré, assis à droite de la table, mais le tableau de Tilborgh garde sa valeur comme illustration de la vie bourgeoise, comme groupement amusant, pour la qualité de l'atmosphère où apparaissent si bien ces personnages en noir, à collerettes blanches, ce jeune homme en costume jaune, aux bas rouges, cette petite fille en blanc. De Téniers, un très joli tableau : La *Cuisine bien fournie,* où tous les détails sont touchés spirituellement : pâté, lièvre, viande, oiseau.

Attribué à HOLBEIN. *Portrait de femme.*

L'école allemande est représentée à la Haye par l'un de ses maîtres : Hans Holbein. L'une des œuvres inscrites sous son nom a été souvent discutée. C'est le *Portrait de femme.* Il a été autrefois attribué au Vinci. Burger le croit d'Holbein, peint dans les Pays-Bas, lors de son passage à Anvers pour se rendre en Angleterre. Maintenant, on le désigne comme une copie d'Holbein. Ce qu'il y a

HOLBEIN. *Fauconnier.*

de certain, c'est que le visage et les mains sont infiniment expressifs, et que Hans Holbein est présent ici, que ce soit copie ou original. Il y a un peu de mollesse dans la peinture, il est vrai, si l'on se reporte aux œuvres solides du maître, mais la valeur du costume noir, bordé de fourrure, de la guimpe blanche, du voile blanc qui cache le front et vient s'enrouler au menton, cette valeur s'accorde bien avec le fond d'un vert légèrement bleui. La copie, en tous cas, est bonne.

Pour le *Portrait de Robert Cheseman,* il est incontesté. Il porte un faucon sur son poing gauche ganté, et il a la netteté acérée d'Holbein. L'autre portrait d'homme est plus beau encore, celui sur lequel on voyait autrefois Thomas Morus, et qui n'a plus de nom aujourd'hui. Il tient aussi un faucon sur sa main gantée, et de l'autre main, le capuchon de l'oiseau qui présente de profil son bec et son œil féroce. L'homme est placide, le visage mat encadré de barbe et de cheveux d'un roux sombre.

Beaucoup de copies d'après les Italiens. Le plus beau tableau de la salle me paraît être la *Vierge* de Fogolino, tenant l'Enfant-Jésus et entourée de saints. Les portraits de Giamberti et de

MUSÉE DE LA HAYE.

RAVESTEYN. OFFICIERS DE LA GARDE CIVIQUE QUITTANT L'HÔTEL DE VILL

Sangallo, par P. de Cortone, sont de beau caractère. De Ludovico Mazzolini, un *Massacre des Innocents*; et d'un inconnu, un magnifique buste de nymphe.

Velasquez a un *Portrait de l'infant Charles Balthazar*, petit adolescent en armure, la cuirasse barrée d'une étoffe rouge, le col entouré de la Toison d'or. Il tient un bâton de commandement. La peinture est assez ordinaire, mais on la tient pourtant comme authentique. Je préfère le *Paysage* classé aux peintres espagnols inconnus du XVIIe siècle. Il a été attribué autrefois à Velasquez, il a été acheté à Paris, en 1823, pour un Velasquez, et Burger le tenait comme tel. Il a en effet la souplesse des mouvements de terrain et l'indication aisée des personnages. Murillo a un bon *Berger espagnol*, de sa manière solide, et une *Vierge avec l'Enfant-Jésus*, de sa manière religieuse un peu fade.

Je termine par l'école française. Un bon Chardin, *Fromage, Œufs et Bassin de cuivre*. Un Joseph Vernet acceptable, les *Cascatelles de Tivoli*, rochers, torrent, terrasses, statues.

JAN STEEN. *Ronde de paysans.*

PEINTRE INCONNU. *Le Vyver à la Haye.*

MUSÉE MUNICIPAL

GEMEENTEMUSEUM, — c'est le Musée municipal de la Haye, à l'un des angles du Vyver. Il occupe l'ancien Doelen des arquebusiers de Saint-Sébastien, et il est intéressant, car il renferme de nombreux objets et des tableaux utiles à l'histoire de la Haye. On peut voir là Jan van Ravesteyn avec quatre tableaux de gardes civiques et d'échevins. Les *Officiers de la garde civique quittant l'Hôtel de ville* forment une troupe compacte, et le tableau est un peu encombré par toutes ces têtes étagées, mais la sensation de vie est très forte. De même, les tableaux consacrés aux magistrats de la Haye, et aux officiers de la compagnie du Drapeau blanc.

Un peintre inconnu a laissé une vue intéressante du Vyver avec

TER BORCH. LA TOILETT[illegible]

les sombres bâtiments reflétés dans l'eau, des embarcations pavoisées et tout un premier plan de personnages. Berck-Heÿde a peint aussi le Vyverberg. Van Goyen a peint une vue de la Haye, qui n'est pas de ses meilleurs paysages.

De Jan Steen, *Un Intérieur* un peu suspect où jouent des rôles un homme, une vieille femme, une jeune femme et un ecclésiastique. D'un peintre inconnu, un *Portrait de Spinoza*, figure longue, un peu à la Pascal, mais d'une toute autre expression, les yeux vifs, curieux, interrogateurs.

PEINTRE INCONNU. *Spinoza.*

REMBRANDT. *La Toilette de Bethsabée.*

COLLECTION STEENGRACHT

BEAUCOUP de tableaux sont à voir dans les collections de la Haye : Pavillon du Bois, Collections Stuers, Bredius, des Tombes, Van der Burg, prince Frédéric-Henri. Toutefois, nombre de ces tableaux importants sont prêtés par leurs possesseurs au Musée royal, et je relate seulement ici la collection Steengracht, dans un hôtel du Vyverberg, collection qui présente, pour les maîtres anciens, une délicate homogénéité.

Elle contient d'abord un Rembrandt de 1643 : La *Toilette de*

LA HAYE.

ABRIEL METSU. L'ENFANT MALA

GÉRARD DOU. *Homme et Femme.*

Bethsabée, de la qualité la plus rare. Bethsabée est assise nue sur un tapis d'Orient, et son corps est une merveille de peinture délicate, nacrée et dorée. Une vieille pédicure, au nez chaussé de besicles, lui taille les ongles du pied droit. Une servante peigne sa chevelure. Rembrandt a accumulé toutes les richesses brillantes dans l'ombre qui entoure la jeune femme : une aiguière, des colliers, des étoffes, un paon. La scène se passe au bord d'un bassin où l'on accède par deux marches. Au fond, un paysage d'architectures. La beauté de l'œuvre, c'est ce corps rayonnant comme une douce perle parmi ces ombres et ces splendeurs atténuées, et c'est le visage de Bethsabée, fin et doux, un peu maladif, Saskia peut-être.

Les autres maîtres de la Hollande sont là aussi. Pieter de Hooch a une *Scène de plein air* qui est des plus belles. Un homme et une femme sont assis dans la cour dallée d'une maison, une femme bien coiffée, bien mise, un homme à grand chapeau et à perruque. La femme va boire et l'homme cause. Auprès d'eux, une femme joue du violon ; sur le seuil de la porte, un homme vu de dos. Hors de la porte, un canal et des maisons rouges dans la pure lumière.

Ter Borch n'a rien fait de plus net et de plus étoffé que *Soins maternels*, une mère vêtue d'un corsage de velours bordé d'hermine qui coiffe une petite fille renversée en arrière. Le visage de la mère, le front bombé, l'œil attentif, les mains actives, et le visage de la fillette, raidi et anxieux, et les mains qui tiennent une pomme, tout est de l'observateur de premier ordre que fut le peintre de Deventer. Metsu aussi est ici très beau, avec l'*Enfant malade* : une mère qui tient sur ses genoux un bambin au visage défait, aux jambes maigres. Jan Steen a une *Jeune Malade* avec un docteur encore bien moliéresque, pourvu même de la seringue, et une *Joyeuse Compagnie*, d'une belle verve, la famille du peintre à table, distraite par un joueur de cornemuse. Les *Joyeux Paysans* de Van Ostade boivent, rient, chantent, écoutent la musique d'un violoneux. Ostade et Steen ont vraiment exprimé avec un amour particulier les plaisirs des petites gens et des pauvres diables. Leurs toiles éclatent de rire et chantent à pleine voix.

Gérard Dou a deux petits portraits drôlets, comme deux poupées qui auraient fait faire précieusement leurs images, un homme et une femme que l'on dit être le peintre et sa femme. Et c'est encore une *Dentellière* de Keyser, et Nicolas Maës, Paul Potter, Ochterveld, Cuyp, Govert Flinck. Et des paysagistes : Un torrent de Ruÿsdaël ; des maisons à toits rouges d'Hobbema ; un canal à Delft, de Berck-Heyde ; un paysage de Karel du Jardin.

Parmi les Flamands, les noms de Rubens, Jordaens, Brouwer, Téniers, Philippe de Champaigne. La *Tabagie* de Brouwer met en scène le peintre lui-même, et l'on reconnaîtra ici l'étude de fumeur de la galerie Lacaze, au Louvre. On nomme aussi, autour de lui,

COLLECTION STEENGRACHT.

BERCK HEYDE. UN CANAL À DELFT

en allant de droite à gauche, Frans Hals, Adrien van Ostade, de Vos, Jan Steen. Le tableau de Téniers montre une scène des *Œuvres de miséricorde,* une distribution de pains, de lait, de vêtements, à la porte d'une maison. Téniers, ici, est grave, représente avec un soin attendri les infirmes, les vieux aux mains tremblantes, les femmes, les enfants, qui viennent chercher quelque réconfort à leur existence misérable. Philippe de Champaigne surprend par un portrait de femme peu habituel dans son œuvre, une élégante au corsage décolleté brodé d'or, des fleurs à la main : c'est, dit le catalogue, le *Portrait de Marie Mancini.*

TH. DE KEYSER. *La Dentellière.*

JOHANNES SONGE. *Vue de Rotterdam.*

ROTTERDAM

MUSÉE BOŸMANS

I. — ASPECT VIVANT ET PUISSANT DE ROTTERDAM. — MOREELSE. — PALAMÈDES. — CORNÉLIS SAFTLEVEN.

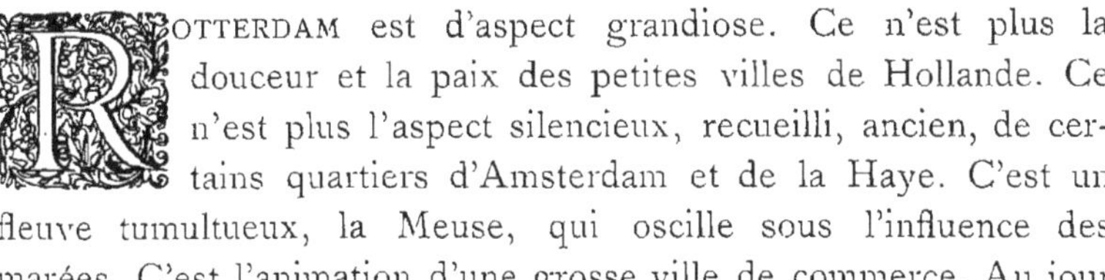

ROTTERDAM est d'aspect grandiose. Ce n'est plus la douceur et la paix des petites villes de Hollande. Ce n'est plus l'aspect silencieux, recueilli, ancien, de certains quartiers d'Amsterdam et de la Haye. C'est un fleuve tumultueux, la Meuse, qui oscille sous l'influence des marées. C'est l'animation d'une grosse ville de commerce. Au jour

MUSÉE DE ROTTERDAM.

REMBRANDT. LA CONCORDE DU PA

où j'y arrive, le pavé est boueux et glissant, une brume blanchâtre enveloppe les maisons, les monuments, les navires. Le Witte Huis (Maison blanche) dresse ses dix étages, en haut desquels je vais voir le plus beau paysage de ville fantastique, à demi-visible dans le brouillard, la Meuse, la Rotte, les canaux, les monuments, les découpures des maisons. Tout va se perdant à l'ouest, dans une mer de vapeurs, sous laquelle on devine l'horizon de la mer du Nord. Je redescends, je traverse la place de la Bourse, le marché aux poissons, je vais à travers un dédale de ruelles, j'admire un énorme moulin dressé au beau milieu de la ville sur un canal, je cours la Hoogstraat et le quai de Boompjes. Partout la foule, une fourmilière humaine qui entoure les bateaux, envahit la gare. On m'avait dit, dans chaque ville de Hollande : « N'allez pas à Rotterdam, il y a la peste. » Sur l'objection que j'avais un musée à visiter : « Le Musée? Il a été brûlé. » Me voici tout de même à Rotterdam, et je cherche et trouve le Musée. Il a été brûlé, c'est vrai, mais en 1864, et je verrai toujours les tableaux qui ont survécu au sinistre. Il est possible aussi que la peste

MOREELSE. *Portrait de jeune femme.*

PALAMÈDES. *Une Réunion mondaine de dix-sept personnes.*

ait sévi à Rotterdam, mais je n'obtiens aucune donnée sur cet événement qui date peut-être du XVe siècle.

Je ne regretterai pas d'être venu à Rotterdam, d'abord pour cet aspect extraordinairement vivant et très beau de la ville, ensuite pour le musée Boÿmans, où, fort heureusement, d'intéressants tableaux ont échappé à l'incendie de 1864. Il n'y aurait à voir que le Rembrandt : *La Concorde du pays*, que je serais heureux de mon voyage. Mais il reste à Rotterdam bien d'autres tableaux, parmi lesquels un chef-d'œuvre de Ruÿsdaël. Sans doute, à lire Burger, qui a publié sa description du musée Boÿmans en 1860, on apprend

MUSÉE DE ROTTERDAM.

A. VAN DEN TEMPEL. UN VICE-AMIRAL ET SA FEM

quelles pertes l'incendie de 1864 a causées ici, et c'est une tristesse que de ne pas trouver certaines toiles célébrées par l'écrivain il y a un demi-siècle. Mais ne nous occupons pas de ce qui n'est plus à Rotterdam, et voyons ce qui y est encore.

Pour la période de l'art hollandais qui précède Rembrandt, il y a, de Moreelse, un beau *Portrait de jeune femme* à grande collerette brodée, un éventail de plumes à la main; un *Portrait d'homme* de Frans Hals; une *Réunion mondaine de dix-sept personnes* où Palamèdes (1601-1673) a fait chatoyer les couleurs dans la lumière, qui donne de légers et jolis accents à toutes choses, aux robes des dames, aux visages, aux épaules, aux bras, aux objets; des tableaux de genre, de Cornélis Saftleven (1606-1681), qui montre une lourde imagination avec ce sujet : *Un mauvais arrangement vaut mieux que le meilleur procès;* des personnages à têtes d'animaux, porc, cane, hibou, chien, etc.

II. — REMBRANDT. — SALOMON KONINCK. — SANTVOORT. — VAN DER HELST. — VAN EECKHOUT. — GERARD DOU. — FERDINAND BOL. — A. VAN OSTADE. — CAREL FABRITIUS. — A. VAN DEN TEMPEL.

IL est possible que nous soyons en face de l'une des conceptions les plus fortes de Rembrandt, avec la *Concorde du pays*, esquisse en bistre, relevée de quelques indications de couleurs. Elle a été exécutée en 1648, dit-on, et c'est vraisemblable, bien que la signature semble porter : 1640, mais le dernier chiffre est probablement mal formé. La date de 1648, en effet, est celle du traité de Westphalie, célébré par divers peintres de Hollande, entre autres par Van der Helst, qui peignit à cette époque son *Banquet de la garde civique.* Rembrandt, délaissé depuis qu'il avait osé le chef-d'œuvre de la *Sortie du capitaine Cocq*, semble avoir célébré l'événement pour lui tout seul, et cette esquisse de la *Concorde du pays*, évidemment faite pour être montrée, lui resta pour compte, puisqu'elle fut comprise en 1656 dans l'inventaire de son mobilier.

Cette esquisse est bien belle. On a dit, à son propos, que Rembrandt n'entendait rien à l'allégorie, et qu'il y avait là bien des accessoires, le livre de la Loi, la couronne d'Espagne, la Justice avec ses attributs, le Lion des Provinces unies, l'écusson d'Amsterdam, etc. Mais tout cela ne prend pas toute la place et toute l'attention. Le groupe des cavaliers est superbe de force et d'arrangement. Les chevaux, si vrais, sont d'un style et d'une noblesse extraordinaires. L'œuvre est lourde, mais c'est la belle lourdeur de la réalité. Les écrivains qui se sont occupés de Rembrandt paraissent ne pas regretter l'absence de l'œuvre définitive. Je crois qu'elle aurait été capitale, d'une vie grandiose, avec la mise en valeur de l'intention de l'artiste qui voulait célébrer la poésie de la lutte pour l'indépendance et l'idée de la paix armée.

Parmi les peintres autour de Rembrandt : Salomon Koninck et son *Peseur d'or*, à la Rembrandt et à la Gérard Dou; les petits bergers de Santvoort, l'un qui joue de la flûte, l'autre, une petite fille qui porte une gourde et une houlette : c'est gracieux, mais bien loin des *Régentes* du musée d'Amsterdam; un bon *Portrait de femme* de Van der Helst, une tête sérieuse au centre d'une immense collerette; *Ruth et Booz*, de Van Eeckhout, un personnage oriental à gros turban, qui cause avec une moissonneuse hollandaise, produit direct de l'inspiration biblique et réelle de Rembrandt, mais sans sa profondeur d'émotion humaine.

Voici un autre peintre inspiré aussi de Rembrandt, Carel Fabritius (1624-1654), dont l'œuvre, un portrait d'homme, est restée longtemps une énigme, mais une énigme que l'on croyait avoir résolue

MUSÉE DE ROTTERDAM.

CK-HEIDE

LA BOURSE D'AMSTERDAM.

en attribuant à Rembrandt le visage énergique, les plans en relief, les yeux noirs brûlant d'un feu sombre, la bouche à grosses lèvres, le front lumineux chargé d'une chevelure noire. On s'est avisé d'effacer un jour une fausse signature de Rembrandt et de désencadrer le tableau : le nom de Fabritius est enfin apparu. Il resterait à connaître la biographie de ce Carel Fabritius, que l'on dit mort à Delft dans l'explosion d'un magasin de poudres, et que l'on croit avoir été pour une part

SANTVOORT. *Le Joueur de flûte.*

SANTVOORT. *Jeune Bergère.*

dans la formation de Van der Meer de Delft. Mais il y a un tableau signé aussi Fabritius et daté de 1669, quinze ans après l'explosion de Delft. On croit donc à l'existence d'un autre Fabritius, Bernard Fabritius, dont j'ai signalé une toile de portraits de famille au musée d'Amsterdam. L'existence de ce second Fabritius est vraisemblable. Le portrait de Rotterdam est d'une autre facture, plus énergique, plus solide, que les portraits d'Amsterdam. Ce changement, il est vrai, pourrait s'expliquer par l'influence plus ressentie de Rembrandt.

Pour en terminer avec le groupe qui peut se rattacher plus étroitement que les autres à Rembrandt, dans l'histoire de l'art hollandais, il faut aller vers Gérard Dou, qui a peint un portrait de bonne femme de son ordinaire méticulosité; Ferdinand Bol et le *Portrait de Dirck van der Waegen,* un enfant vêtu de jaune, entouré d'armes, arc, flèches, hache, bouclier appuyé contre un tambour; A. Van Ostade, son *Paysan* et son *Philosophe,* de sa bonne qualité. Abraham Van den Tempel, que j'ai déjà admiré à Amsterdam, pour une réunion de famille, se montre ici à son grand avantage avec le *Portrait d'un vice-amiral et de son épouse,* l'amiral en grand costume, non de bataille, mais d'apparat, un poing sur la hanche, l'autre main tenant une canne; la femme, décolletée, tenant une orange. Cette orange, et toute la corbeille d'oranges apportée par un nègre, c'est le voyage, c'est l'exotisme, c'est l'Orient.

III. — ALBERT CUYP. — EMMANUEL DE WITTE. — JAN STEEN. — NETSCHER.

Des œuvres nombreuses d'Albert Cuyp représentent ce grand peintre du soleil. Ce sont des œuvres de sa première manière. Le paysage : *Vue de rivière,* n'est pas sans doute parmi les plus importants, et l'on peut s'accorder à trouver les pâtres, les animaux, de forme médiocre, mais déjà la lumière est belle, dans le ciel, sur les fonds. Et voici Cuyp tout à fait maître avec une étude fortement indiquée, et avec des animaux : *Chevaux gris pommelés, Un coq et une poule, Tête de vache,* qui sont de toute beauté. Burger a pu dire que ces *Chevaux gris* empêchaient Géricault de dormir. De fait, ils n'ont pas été

MUSÉE DE ROTTERDAM.

J. RUYSDAËL.

LE CHAMP DE BL

égalés, ces deux magnifiques chevaux, tranquilles dans leur écurie avec le chien familier. Et l'autre toile : *Un coq et une poule,* où la forme des corps, la surface lisse des plumes, les petits yeux vivants, les taches de couleurs sont d'une sûreté si délicieuse.

Albert Cuyp. *Chevaux gris pommelés.*

Le *Mangeur de moules* est signé en toutes lettres, et Burger est à peu près arrivé à établir que Cuyp ne signait d'abord ses toiles que de ses initiales. C'est un bon tableau de genre. Un patron forgeron est assis sur un morceau de bois, et il a devant lui une terrine pleine de moules qu'il déguste avec gourmandise. Trois enfants le regardent, voudraient bien être de la partie. Un chien est paisible. Une poule et un chat s'avancent, plus entreprenants. Par une

Albert Cuyp. *Le Mangeur de moules.*

fenêtre, deux bourgeois regardent et s'amusent de la scène.

C'est beaucoup, pour un musée, de posséder ce Cuyp, et les autres Cuyp qui viennent d'être énumérés. Mais ce n'est pas tout. Quelle vision originale que celle d'Emmanuel de Witte! Quelle tournure et quelle couleur ont les promeneurs, la marchande et l'acheteuse de son *Marché aux poissons!* Quelle atmosphère transparente et glauque! L'*Intérieur de la nouvelle Église à Amsterdam* est de la même beauté de peinture.

De Jan Steen, une *Fête de Saint-Nicolas,* inférieure à celles que nous avons déjà vues, et un comique *Opérateur* qui fait semblant d'extraire des pierres de la tête d'un client crédule. De Caspar Netscher (1639-1684), *Une Famille,* d'une peinture plus agréable qu'à l'ordinaire.

IV. — VAN GOYEN. — HOBBEMA. — RUYSDAËL. — LES BERCKHEYDE. — LES PAYSAGISTES DE ROTTERDAM. — GERRIT POMPE. — VERSCHUIER. — JOHANNES SONJE. — HENDRICK SORGH.

PARMI les paysagistes, Van Goyen a une *Vue de rivière,* souple et transparente. On lui attribue aussi une *Ferme* entourée d'arbres. D'Avercamp, une *Scène de patinage.* D'Aert van der Neer, un délicat *Clair de lune.* D'Adrien van de Velde, un *Paysage avec des animaux.* De Philip Koninck, un de ces paysages d'espace où il a excellé après, et d'après Rembrandt. De Meindert Hobbema, un *Paysage de la Gueldre* et un *Paysage boisé,* de cette rare beauté de verdure franche, de cette force de nature qui se montrent dans chaque œuvre du peintre. De Johan van Kessel, un bon *Canal des Princes, à Amsterdam.*

MUSÉE DE ROTTERDAM.

HENDRICK SORGH. LE GRAND MARCHÉ DE ROTTERD[AM]

JOHAN VAN KESSEL. *Canal des Princes, à Amsterdam.*

Les deux Berck-Heÿde sont à Rotterdam : Gerrit, avec une *Vue de Cologne;* Job Adrien, avec un *Intérieur de la Bourse d'Amsterdam* (démolie en 1836), qui est une œuvre belle, forte, par son architecture bien établie, ses entrées de lumière, ses personnages noirs.

Le paysagiste tout à fait grand et à part, à Rotterdam, comme dans les autres musées de Hollande, est Ruÿsdaël. Il a ici l'un de ses chefs-d'œuvre, dont on peut dire seulement, comme remarque critique, qu'il est inspiré de Rembrandt, de ses paysages peints et de ses paysages à l'eau-forte. Mais comment un homme tel que Ruÿsdaël n'aurait-il pas vu et compris un homme comme Rembrandt? Ce *Champ de blé* est de toute beauté, sur la colline, avec la mer au fond. C'est d'une poésie à la fois humble et grandiose. De Ruÿsdaël aussi, l'*Ancien marché aux poissons d'Amsterdam*, belle impression de ciel et de sol humides, de maisons et de barques.

Mais puisque nous sommes au musée de Rotterdam, il faut chercher et nommer les peintres qui ont peint le portrait de Rotterdam. Deux belles marines, l'une de Gerrit Pompe : *Vue de Rotterdam*; l'autre de Verschuier : les *Bords de la Meuse*. Du même Verschuier : la *Porte de l'est à Rotterdam*, un moulin, des personnages et la porte en briques. De Johannes Songe, une *Vue de Rotterdam* : la rivière la Rotte, un bateau à voile, les monuments de la ville sur la ligne d'horizon. De Hendrick Sorgh, une *Vue du grand marché à Rotterdam* : maisons, marchandes, acheteurs, un canal et une rue au fond, excellente représentation de la vie populaire.

V. — VAN DYCK. — PHILIPPE DE CHAMPAIGNE. — TILBORCH.

On ne voit que deux ébauches de Van Dyck au musée de Rotterdam : l'*Exaltation de la Vierge* et les *Portraits de Charles Ier, roi d'Angleterre, de sa femme et de leurs deux enfants*; mais elles sont exquises, comme toutes les ébauches de grands peintres, la seconde surtout, touchée si spirituellement.

Philippe de Champaigne est plus grave de facture, mais il est ici très différent de notre Louvre, où il est surtout un peintre janséniste et le portraitiste de Richelieu. Nous l'avons déjà vu, à la Collection Steengracht, avec un portrait de Marie Mancini, qui indique la variété de son talent. C'est encore un accent nouveau qui est marqué en ces *Portraits de J.-B. de Champaigne et de Nicolas de Platte-Montagne*. L'un est le neveu et l'élève de l'artiste, l'autre est

MUSÉE DE ROTTERDAM.

TILBORCH.

UNE FAMILLE.

un peintre de marines. Ici, Jean-Baptiste dessine, et Nicolas a un violoncelle appuyé contre lui. Ce sont deux jeunes gens, aux charmants et doux visages, et l'on se plaît à voir en leur réunion une image vive et sérieuse de l'amitié.

Un peintre flamand que l'on a parfois confondu avec Ter Borch, Gillis Tilborch (1625-1678), peint un *Intérieur,* bourgeoisement et savamment ordonné, une harmonie de robes blanche, jaune, bleue, de rubans rouges, de vêtements noirs. C'est de l'apparat, mais de l'apparat tranquille, très doux, très touchant.

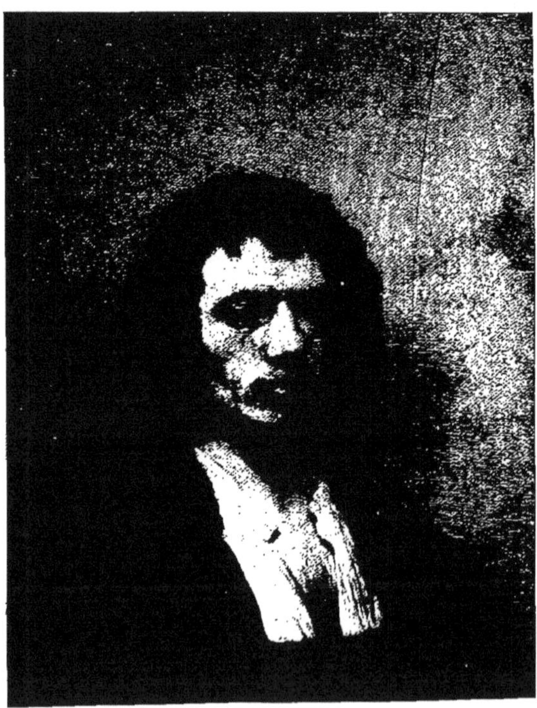

FABRITIUS. *Portrait d'homme.*

CORNELIS BUSSCHOP. *Regents et Régentes du Ziekenhuis.*

DORDRECHT

MUSÉE MUNICIPAL

LE HOLLANDSCH-DIEP. — LA MEUSE A DORDRECHT. — ALBERT CUYP. — BUSSCHOP. — ARY SCHEFFER.

DORDRECHT n'est pas une grosse ville comme Rotterdam, c'est une ville moyenne, et c'est une petite ville d'aspect, malgré son étendue et certains aspects de monuments. Mais l'impression de nature est aussi forte qu'à Rotterdam. Je classe mal ici cette impression, presque à la fin du livre, puisque Dordrecht marque l'entrée en Hollande. Je reprends donc les choses au commencement, lorsque, la Belgique quittée, on passe sur le pont du Hollandsch-Diep. Ce pont étonnant enjambe le bras de mer de 2640 mètres de largeur qui a inondé le pays

MUSÉE DE DORDRECHT.

LBERT CUYP.

VUE DU RIE

au XVe siècle. Le paysage d'eau est immense et la traversée est vertigineuse. A droite, on aperçoit la silhouette basse et le clocher de Dordrecht, et l'on pense tout de suite à Van Goyen. Ensuite, on pense encore à lui et à tous les peintres de marines, lorsque l'on se promène hors la jolie porte de la ville, au long du quai où les bateaux se succèdent.

Il faut quitter les paysages pour le musée. Il est peu abondant. J'y vois et j'y goûte pourtant des paysages d'Albert Cuyp : montagnes, port, bois, canaux. J'y contemple le portrait de Jacob de Witt, père de Jan et Cornélis de Witt, par Nicolas Maës; le portrait de Cornélis de Witt, par Jan de Baen; le portrait de Ferdinand Bol, par lui-même; une grande toile de Cornélis Busschop : les *Régents et Régentes du Ziekenhuis à Dordrecht, en 1671*, qui nous renseigne sur l'histoire charitable de la ville.

JAN DE BAEN. *Cornelis de Witt.*

Dans la partie moderne, il y a nombre d'œuvres de Ary Scheffer, qui était né à Dordrecht en 1815 et qui est mort en France, à Argenteuil, en 1858. Peinture monotone, distinction froide et triste. L'ensemble du Musée est d'ailleurs fort ordinaire, et je ne me réchauffe un peu qu'au soleil couchant d'Albert Cuyp qui éclaire la *Vue du Riedyk*.

ÉCOLE DE COLOGNE. *La Messe de Saint Grégoire.*

UTRECHT

MUSÉE ARCHIÉPISCOPAL

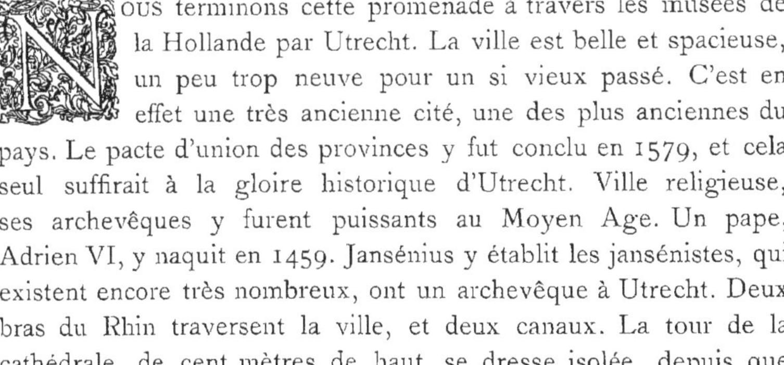

Nous terminons cette promenade à travers les musées de la Hollande par Utrecht. La ville est belle et spacieuse, un peu trop neuve pour un si vieux passé. C'est en effet une très ancienne cité, une des plus anciennes du pays. Le pacte d'union des provinces y fut conclu en 1579, et cela seul suffirait à la gloire historique d'Utrecht. Ville religieuse, ses archevêques y furent puissants au Moyen Age. Un pape, Adrien VI, y naquit en 1459. Jansénius y établit les jansénistes, qui existent encore très nombreux, ont un archevêque à Utrecht. Deux bras du Rhin traversent la ville, et deux canaux. La tour de la cathédrale, de cent mètres de haut, se dresse isolée, depuis que la tempête de 1674 a détruit la nef. Au Musée Kunstliefde, il y a, de Schoorel, un triptyque et des portraits de pèlerins. Mais ce que je suis surtout venu voir à Utrecht, c'est le Musée Archiépiscopal, *Aarts bisschoppelyk muséum,* sur la Nieuwe Gracht.

Ceux qui connaissent ce musée s'accordent à le proclamer de la plus haute importance pour l'histoire de l'art religieux et l'histoire des commencements de l'art dans les Pays-Bas. Je pense que ceux qui le dirigent ont la même opinion, mais ils ne la manifestent pas suffisamment. Aucun ordre, aucun classement, pas de catalogue. Il y a sur les cadres quelques morceaux de papier, où l'on peut essayer de déchiffrer des noms, des dates, des renseignements écrits en hollandais, d'une encre jaunie, presque effacée. Il faut souhaiter, pour l'histoire de l'art hollandais, que quelque conservateur érudit se mette à la besogne et nous fasse enfin connaître complètement ce beau musée d'Utrecht. Je serais trop heureux si ce livre pouvait hâter ce jour attendu.

I. — Dès la première salle, on est saisi par la valeur historique des œuvres rassemblées. Les artistes primitifs de pays divers sont en effet ici en contact, et l'on voit apparaître, avec les différences de races et d'individus, les contacts de l'art religieux. L'école de Sienne voisine avec l'école de Cologne, et celle-ci avec l'école primitive de la Hollande. Les mêmes fonds d'or se retrouvent à Sienne et à Cologne, les mêmes formes desséchées et anguleuses. L'expression seule diffère, est moins douce à Cologne. Je vois, de l'école allemande, la *Flagellation*, un *Christ à la colonne* entouré de trois bourreaux. Un diptyque montre, sur l'un de ses panneaux, la *Nativité*, l'*Adoration des Mages*, la *Visitation*, l'*Annonciation*. Dans l'épisode de la *Visitation*, l'Enfant Jésus est présent, regarde sa *prochaine* mère. L'autre panneau présente la *Descente du Saint-Esprit*, la *Mort de la Vierge*, la *Résurrection*, l'*Ascension*. La

Vierge mourante est une jeune morte étendue sur un lit broché d'or, entouré par les apôtres.

La *Messe de Saint Grégoire,* également de l'école de Cologne, datée de 1486, met en scène le saint disant la messe. Des enfants de chœur, d'aspect très rustre, l'assistent, et aussi des saints auréolés, l'un qui porte des flèches, un autre une tiare, d'autres des croix. Un Christ debout sur l'autel, le visage couronné d'épines et couvert de sang, fait gicler le sang de la blessure de son flanc dans le calice. Une populace abominable entoure ce Christ. Un homme à face patibulaire le frappe, un autre crache sur lui, une femme vient aussi l'assaillir et un autre homme encore. Judas tient un sac. Un homme porte une éponge au bout d'une pique. Un roi couronné converse avec un docteur à bonnet fourré. Et Ponce-Pilate se lave — éternellement — les mains. C'est la comparution de Jésus devant le peuple.

Deux panneaux sont consacrés à sainte Catherine. La *Dispute de Sainte Catherine :* c'est la sainte qui argumente, qui compte sur ses doigts, avec des docteurs juifs pour adversaires, devant un roi sur son trône. Le *Martyre de Sainte Catherine :* c'est, en présence du roi et d'hommes d'armes à cheval, la sainte près d'être soumise au supplice de la roue en feu.

II. — La deuxième salle contient d'abord des œuvres de l'école flamande au XVe siècle : une *Cène*; une *Sainte Famille*; la réunion de sainte Agnès, de Marie et de Jean, aux vêtements de couleurs pâles.

Mais le grand intérêt de cette deuxième salle est dans la mise en lumière d'œuvres de la primitive école hollandaise, apparentée aux écoles allemandes et flamandes. Un *Christ* martyrisé, couvert de sang, est attribué à Geertgen van Saint-Jans; une *Crucifixion,* désignée comme provenant de la Hollande du nord, et datée de 1500, est une délicate peinture avec sa Madeleine en toilette luxueuse.

Une peinture curieuse, la *Vierge et l'Enfant Jésus*, fait apparaître un singulier spectacle : dans une église, à la voûte aux nervures rouges, bleues, or, aux murailles ornées de retables fermés et dorés, la Vierge, portant l'Enfant Jésus, s'avance entre deux rangées de moines, semble les passer en revue. La Vierge, petite et rondelette, de caractère flamand, très sérieuse, très modeste et très digne, présente son enfant aux moines. Ceux-ci, au nombre de vingt-deux, sont vêtus de blanc, sauf deux, qui sont vêtus de noir. Ils ont les physionomies les plus va-

ÉCOLE HOLLANDAISE. *La Vierge et l'Enfant Jésus.*

riées d'âge et d'expression, avec la même apparence recueillie et attentive. Leurs deux files serrées tiennent toute la longueur de la nef.

Voici, de Jacob Cornelis van Oostsanen, un triptyque de l'*Adoration des Mages*, saint Joseph, tête nue devant la Vierge, pendant que s'agenouillent les mages en manteaux de pourpre et d'or. C'est un mélange savoureux d'humbles choses hollandaises et d'accessoires d'Orient. C'est naïf et précieux, attentif et ému. Il y a d'autres Adorations des Mages : l'une, de Joost van Clef (1490-1544) ; une autre, sans nom d'auteur, où saint Joseph, en chapeau de paille, se tient modestement auprès des rois

JACOB CORNELISSEN. *Christ au tombeau.*

vêtus d'or, pendant que la Vierge observe, d'un air fin de ménagère de la Noord-Hollande, et que l'Enfant Jésus se révèle conscient par une face intelligente et réfléchie.

III. — La troisième salle continue l'art hollandais du XVIe siècle. Un triptyque a pour panneau central une *Crucifixion*, où la Madeleine est bizarrement contournée autour de la croix. Les anatomies des trois crucifiés sont sèches et fines, d'un dessin délié. De même, les personnages des volets intérieurs sont d'une nette élégance, qui fait songer à l'école de Leyde. Un *Christ au tombeau,* de Jacob Cornelissen (1507-1550), entouré de divers épisodes de la Passion, montre comme sujet principal le cadavre lamentable, aux pieds et aux mains tuméfiés, au visage décomposé, effrayant de souffrance, du Christ soutenu par Joseph d'Arimathie, au grand chapeau, à la robe orientale. Derrière lui, Nicodème, coiffé d'un turban, apporte un vase de parfums. La beauté de l'œuvre s'achève par le groupe de la Vierge, de Jean, de Madeleine, de deux saintes femmes, ces trois dernières en grandes toilettes, tous les visages ruisselants de larmes, variés d'expressions navrées et apitoyées, tous les corps penchés vers le Christ mort, l'ensemble très poignant et funèbre.

Mais cette troisième salle ne contient pas seulement des peintures. Il y a des sculptures admirables, dont l'attribution n'est pas fixée, qui ont été probablement recueillies en Hollande, et qui ont la même beauté, la même force, le même caractère, que la sculpture française du XVe siècle. Il y a même une pièce antérieure à cette époque, un magnifique Crucifix en cuivre du XIIe siècle. Puis des statues et statuettes en bois, sculptées dans le bloc, ayant gardé de la rigidité de l'arbre et s'animant de la souplesse de la vie : une *Madone avec un Christ,* du XVe siècle; une *Annonciation* en bois, groupement d'une charmante et forte vérité.

IV. — La quatrième salle est toute donnée à la sculpture. Sur les

Les Bergers en route pour Bethléem (bois sculpté).

bras d'une Madone, un enfant tient une grappe de raisin. Auprès de sainte Anne, la Vierge donne à téter à son enfant. La scène des *Bergers en route pour Bethléem* est d'un admirable naturisme, par les rustiques personnages portant une cage à poules, un panier, un mouton. Une *Descente de croix* est infiniment dramatique. Le corps du supplicié est entouré par les femmes. L'une cache ses yeux de sa main pour ne pas voir l'affreux spectacle et tient un pied du Christ de son autre main; une autre embrasse la main gauche du mort. La Vierge tient la main droite de son fils dans ses deux mains.

ECOLE DE LEYDE (musée d'Utrecht). *Triptyque de la Crucifixion.*

TABLES

TABLE ET ORDRE DE CLASSEMENT DES ILLUSTRATIONS HORS TEXTE

AMSTERDAM

MUSÉE DE L'ÉTAT (RYKS-MUSEUM)

10. A. Cuyp. — *Paysage montagneux.*
11. J. van Ruysdaël. — *Vue du Rhin.*
12. — *Vue de Haarlem.*
13. W. van de Velde le Jeune. — *Le Coup de canon.*
14. Brekelenkam. — *Le Tailleur.*
15. Gérard Dou. — *Son Portrait.*
16. — *L'École du soir.*
17. Ter Borch (attribué à). — *Portrait d'Hélène van den Schalke.*
18. Jan Steen. — *La Cage du perroquet.*
19. — *Fête de l'anniversaire du prince d'Orange.*
20. Pieter de Hooch. — *Intérieur.*
21. — *Une Mère peignant son enfant.*
22. — *Le Messager.*
23. Van der Meer de Delft. — *La Liseuse.*

HAARLEM

MUSÉE MUNICIPAL

24. Frans Hals. — *Repas des officiers des archers de Saint Adrien.*
25. — *Réunion des officiers des archers de Saint Adrien.*
26. — *Les Régents de l'hôpital Sainte-Élisabeth.*
27. — *Les Régentes de l'hospice des vieillards.*
28. Cornelisz van Haarlem. — *Repas d'archers.*
29. Jan Verspronck. — *Quatre Régentes de la maison du Saint-Esprit.*
30. Jan de Bray. — *Cinq Régents de l'hospice des enfants pauvres.*
31. Van der Neer. — *Scène de patinage.*

LEYDE

MUSÉE MUNICIPAL

32. Cornelis Engelbrechtsz. — *Le Christ en croix.*

LA HAYE

MUSÉE ROYAL (MAURITSHUIS)

33. Rembrandt. — *La Leçon d'Anatomie.*
34. — *Suzanne au bain.*
35. — *Homère.*
36. Van der Helst. — *Portrait de Paul Potter.*
37. Paul Potter. — *Le Taureau.*
38. Van Goyen. — *Vue de Dordrecht.*
39. Brekelenkam. — *La Saignée.*
40. Ter Borch. — *Son Portrait.*
41. — *La Famille van Mœrkerken.*
42. Jan Steen. — *Le Dentiste.*
43. Gabriel Metsu. — *Les Amateurs de musique.*
44. Van der Meer de Delft. — *Vue de Delft.*
45. — *Tête de jeune fille.*
46. — *La Toilette de Diane.*

MUSÉE MUNICIPAL

47. Ravesteyn. — *Officiers de la garde civique quittant l'Hôtel de ville.*

COLLECTION STEENGRACHT

ROTTERDAM

MUSÉE BOŸMANS

DORDRECHT

MUSÉE MUNICIPAL

TABLE DES ILLUSTRATIONS DANS LE TEXTE

MUSÉES D'AMSTERDAM

MUSÉE D'ALKMAAR

MUSÉE DE HAARLEM

MUSÉE DE LEYDE

MUSÉES DE LA HAYE

MUSÉE DE ROTTERDAM

MUSÉE DE DORDRECHT

MUSÉE D'UTRECHT

ILLUSTRATION DES TABLES

TABLE DES CHAPITRES

AMSTERDAM

MUSÉE DE L'ÉTAT (RŸKS-MUSEUM)

COLLECTION SIX

ALKMAAR

MUSÉE MUNICIPAL

HAARLEM

MUSÉE MUNICIPAL

LEYDE

MUSÉE MUNICIPAL

LA HAYE

MUSÉE ROYAL (MAURITSHUIS)

ROTTERDAM

MUSÉE BOŸMANS

DORDRECHT

MUSÉE MUNICIPAL

UTRECHT

A. CUYP (musée de Rotterdam). *Coq et Poule.*

ERRATA. — Lire page 110, ligne 5 :
« Le Musée possède encore de lui la belle réunion de portraits de la *Famille Markerken* et la *Dépêche* : un trompette apporte, etc. »

Imp. F. SCHMIDT FILS, Montrouge (Seine).

www.ingramcontent.com/pod-product-compliance
Ingram Content Group UK Ltd.
Pitfield, Milton Keynes, MK11 3LW, UK
UKHW020204250726
13967UKWH00003B/1268